甲子園が割れた日

松井秀喜5連続敬遠の真実

中村　計

集英社文庫

甲子園が割れた日　松井秀喜5連続敬遠の真実　目次

プロローグ 9
第一章 失望 15
第二章 誤解 39
第三章 前夜 73
第四章 伝説 113
第五章 挫折 147

第六章　沈　黙　177
第七章　真　相　213
エピローグ　239
あとがき　247
追　記　251
もうひとつの5敬遠　269

甲子園が割れた日　松井秀喜5連続敬遠の真実

プロローグ

長い間、頭の裏側にこびりついていた思いがあった。


俺ならわかってやれる。

一〇年後、彼らに会いに行こう。


一九九二年夏――。

僕は予備校に通う浪人生だった。

毎朝六時に起床し、千葉県船橋市から東京都内の予備校まで一時間ほどかけて電車通学をしていた。

その年、世の中は前年にバブルが崩壊した影響で、景気の冷え込みがますます深刻になっていた。

とはいえ、まだ経済活動に参加していない自分にとって実感はほとんどなかった。

巷間《こうかん》ではサザンオールスターズの『涙のキッス』などのポップなラブソングが流れていた。アウトドアブームの到来によって往来にはパジェロなどの高級RV車があふれ、書店の店頭ではヘアヌード写真集が乱舞していた。そんな極彩色に満ちた東京の街に、不況の暗い影は見当たらなかった。

それよりもその年は、まずはオリンピック・イヤーだったと指摘した方が記憶のインデックスになる。冬季・夏季同年開催の最後の年だった。

二月、フランス南東部のアルベールビルで開かれた冬季五輪では、ノルディック複合団体で荻原健司《おぎわらけんじ》らが金メダルを獲得した。七月から八月にかけてはスペインのバルセロナで夏季オリンピックが開催された。一四歳という若さで金メダリストになった二〇〇m平泳ぎの岩崎恭子《いわさききょうこ》は「今まで生きてきた中で一番幸せ」という名言を残した。

四月にも忘れられないニュースがあった。予備校が休みだったその日、朝、いつもよりのんびりと台所で食パンをかじりながらテレビを観《み》ていた。すると、テロップで「尾《お》崎豊《ざきゆたか》死亡」のニュースが飛び込んできたのだ。

しかし、それらのニュースは、今となってはモノクロームの映像を眺めているような感覚がある。荻原健司も、岩崎恭子もすでに引退し、尾崎豊もすっかり伝説上の人物として定着している。「時代」という大きな時間単位がごろりと回っていた。

が、そんな中、そこだけ時の風雪を拒み続けてきたかのように、当時の色を残したままの出来事があった。まるで使い古して真っ黒になった野球グラブの紐《ひも》の結び目の裏側に、買った当時と同じ鮮やかなオレンジ色を発見するかのように。

高校野球史上に今なお「事件」として記憶される、明徳義塾《めいとくぎじゅく》―星稜《せいりょう》の一戦で起きた「松井《まつい》五敬遠《とど》」――。

現在に留まり続けている過去。僕にとってこの出来事は、長い間、そんな存在だった。そうは言うものの、その試合を実際に観たわけでも、テレビで観戦していたわけでもない。

試合があった八月一六日、その日はお盆期間中の日曜日にあたっていた。その頃は高校野球など観る気分にはなれなかったし、浪人生の身で昼間からテレビにうつつを抜かしているわけにもいかなかった。予備校の夏期講習も休みの時期だったので、部屋にこもって参考書と格闘していた。

第一報は、夕方ごろ母からもたらされた。

「松井、全部敬遠だったんだって」

すぐにスポーツニュースをはしごした。そこで松井が計五回敬遠されたこと、それに腹を立てた星稜の応援団席からグラウンドに物が投げ込まれたことなどを知った。

そのときはまだ、すごいことがあるもんだな、その程度の認識だった。所詮、今の自分にとっては遠い世界の出来事に過ぎないと。

ところが六日後。星稜に勝利した明徳が三回戦で広島工業高校に敗れる。そのとき、明徳の選手のうちのひとりがこぼしたとされるこんなひと言にふれ、僕の気持ちは一変した。

《甲子園なんてこなければよかった……》

星稜戦後、世論は明徳に猛烈なバッシングを浴びせた。それゆえの発言であろうと推測された。このコメントは今となってはテレビで観たのか、それとも新聞や雑誌で目にしたのかは定かではない。ただ、その言葉は、僕の胸の真ん中に彫刻刀で削ったかのように深く、鋭い、彫り跡を残した。

重なったのだ。自分の中にあった「野球なんかしなければよかった」という遣《や》る瀬《せ》無さと。

その一年前――。高校三年生の僕は野球部で四番・キャッチャーを任されていた。そして集大成となる最後の夏の大会で大失態を演じてしまう。

自分のエラーで先制点を奪われた。そのことで動転してしまい、四番としての仕事もまったくできなかった。初戦敗退。野球部で過ごした二年半が、塵《ちり》となり、一瞬にして風に飛ばされた。今にして思えば、たいした練習などしてはいなかった。でもそのときの自分なりに野球に賭けていたのだ。

「野球」と「甲子園」の違いはある。でも、これらの言葉が生まれる土壌は同じだと思った。

野球に対する恨み。甲子園に対する恨み。

彼らの気持ちをわかってやれるのは自分しかいない。わかるだけに今すぐは酷だ。五年、いや、一〇年だ。一〇年待とう。一〇年経《た》てば彼らもきっと何もかも話せるときがくる。

それがいかに独りよがりな思い込みだったかは、取材を始めて嫌というほど味わうことになる。しかし、その時の自分にとって、一〇年後、明徳の選手に会いに行くということは天命のようにも思えたのだ。


時は流れ、その一〇年後。

二〇〇二年夏――。

僕は今度は取材者としてその現場に立ち会っていた。

明徳は、いやそれよりも明徳の馬淵史郎《まぶちしろう》監督がといった方がいい。馬淵が初めて全国の頂点に立った。およそ一〇キロにもなる西陣織の深紅の大優勝旗を手にしたのだ。馬淵とは件《くだん》の試合で五つの敬遠を指示した人物だ。

その約二ヶ月後。一〇月末、もう一方の主役、星稜の主砲だった巨人の松井秀喜《ひでき》も日本一に輝いた。日本シリーズで西武を四連勝で下し、こちらは赤とコバルトブルー、二色から成るペナントをつかんだ。声を潤《うる》ませ、「メジャー挑戦」を表明したのはその二日後のことだった。

「一〇年後」という節目の年に、あの一戦を語る上で欠くことのできない主要人物二人のビッグニュースが重なった。

この偶然がどれほど自分を鼓舞してくれたことか。

これは自分だけではない、ジャーナリストの神様も、取材を始めるなら今しかないぞ、そう言ってくれているのだと。

一〇年もの間こびりついていた思いを、勢いよく引き剝がした。

第一章　失　望

空気に夏の臭いが混じり始めていた。

その日、店内は寒いぐらいにクーラーが利いていた。僕はそこでアイスコーヒーをすすりながら、約束のおよそ一時間前から待っていた。

待っていたのは河野和洋《こうのかずひろ》。よく「カワノ」と記憶している人がいるが、「コウノ」と発音するのが正しい。

河野が待ち合わせ場所として指定してきたのは千葉県柏《かしわ》市の東武野田線・新柏駅構内のモスバーガーだった。その近くのアパートに住んでいたのだ。

河野は約束の時間ぴったりに現れた。出入り口の目の前の席を確保していたため、店に入ってきたときすぐに気がついた。

ただ、一瞬呆気《あっけ》にとられた。

Tシャツ、短パン、サンダルという出で立《いでた》ちはともかく、ちょっと長めの坊主頭といった感じの頭髪は見事に金色に染め上げられていた。その上、体の肉の量が見た目にはっきりとわかるほどに増えていたのだ。

ここ数ヶ月で七〇キロ後半だった体重が九〇キロ近くになってしまったのだという。身長は一七六センチ。でっぷりとした印象は否《いな》めない。やや小さめのTシャツの袖口《そでぐち》がぱんぱんに張っていた。約半年前、テレビに出ていた姿とは別人だった。

「することないから遊びに行くじゃないですか。友達、あんまりいないから、ひとりで飲みに行くんですけどね。柏はけっこう開けてますからね。そういう店、いっぱいあるんっスよ」

練習はほとんどしていなかった。

「やらなくてもなんとかなるっしょ。今さらやっても一緒ですよ」

投げやりな口調だった。スポーツ選手にしてはあまりにも無自覚だった。この翌日から、河野は野球をするためにアメリカへ渡ることになっていたのだ。

「金髪にしてから、プロレスラーによく間違えられるんですよ。ちょっと前まではロン毛にしてたんですけどね。もう注意する人いないから、いろいろな髪型できるじゃないですか。大学、社会人と身だしなみとかうるさいでしょう。でも今は自由ですからね。いろいろ試してみようと思って」

そう笑いながらも別にお洒落《しゃれ》に興味があるという風でも、また本当にそんな子どもじみた自由を喜んでいるようでもなかった。

二〇〇〇年五月。ゴールデンウィークが開け、数日経った頃だった。前日、何度かけても不通だった河野の携帯電話がこの日は一発目でつながった。しどろもどろになりながら、とにかく会って話をしたい旨《むね》を伝えた。とても正確に伝わっているとは思えなかった。ところが、だ。

「いっスよ」

相手は、おそらく不明だっただろう点をただの一度も問いただすことなく、会うことを快諾してくれた。説得のための言葉をまだたくさん用意していただけに、消費し切れずに残ってしまったエネルギーが気持ちを空転させていた。

河野の大まかさも解《げ》せなかった。河野は、「ライター」、「会って話を聞きたい」、このふたつぐらいの言葉を確認した時点で、「いっスよ」と反応していた。

もう少し事情をよく聞いた上で、そういうことならいいですよ、そんな展開を予想してもいたし、期待してもいた。ただ、ひとつだけわかった。慣れているんだな、取材に。そうなのだ。あれから八年、彼はずっとマスコミに追いかけられていた。

八年前の全国高校野球選手権大会。いわゆる「夏の甲子園」の二回戦で、明徳義塾は星稜とぶつかった。この試合でマウンドに立っていたのが背番号「8」番をつけていた河野だった。

河野は星稜の四番打者、松井秀喜に対して全五打席、一球たりともストライクを投げなかった。二〇球、すべてがストライクゾーンを大きく外れていた。

今や国民的英雄となった松井とは比較にならないものの、河野もその後、大学、社会人と野球を続けていたこともあり、微量ながらスポットライトを浴び続けてきていた。あの「松井五敬遠」のときの……ということで。

だからマスコミ関係者らしい人が自分に会いたいと言ってきたところで別段、驚くことはないし、取材内容も聞かなくともわかっていたのだ。

河野は何度も何度もこう聞かれてきたに違いない。

「本当は勝負したかったんじゃないの？」

自分が聞きたいことも例外ではなかった。


河野に会ったのは電話がつながった翌日だった。

明後日《あさって》から二週間ほどアメリカに行くことになっていて、その前にということだとその日しか空いていなかったのだ。

僕の関心は最初、明徳サイドにあった。特に捕手だった青木貞敏《あおきさだとし》と、投手の河野にまず会いたいと考えていた。

青木は河野とバッテリーを組んでいたから関心があったのではない。あとで新聞や雑誌を確認してわかったのだが、《甲子園なんてこなければよかった》というひと言を発したとされていたのが青木だったのだ。

河野に興味を抱いたのはテレビがきっかけだった。

あの試合から四年後の一九九六年秋、ニュース番組をなにとはなしに眺めていたら河野が出ていた。彼が大学でも野球を続けていたことにまず驚いた。その上、ドラフトの注目選手と目されるまでの選手になっていたのだ。ただ、河野はもう投手ではなかった。大学では野手としてその才能を開花させていた。

「今度はプロの世界で打者として松井君と勝負したい」

インタビューの中で、そんな内容のことを話していた。

大学生らしくすっかり伸びた黒い髪と、並びのいい白い歯が印象的だった。自分の中であの試合の後に勝手につくりあげられそのままだった明徳の選手の陰鬱なイメージとは対照的に、実に健康的で爽やかな雰囲気を漂わせていた。

これがあのときのピッチャーか……。

深い傷を負いながらも大好きな野球を続けていたあのときのピッチャー。彼はあの夏の挫折をバネに二倍も三倍もたくましく成長していた――。

そんな実に浅薄で短絡的なストーリーを思い描き、感動すら覚えていた。

テレビに出演している河野に再び出くわしたのはそれからさらに三年後、九九年の暮れのことだった。しかも立て続けに二本。

ひとつは一〇分にも満たないものだったが、深夜枠のスポーツ番組の中で『あの敬遠から七年……』というタイトルで、その当時すでに巨人の不動の四番打者になっていた松井と対談していた。

ただ、ホスト役のアナウンサーが河野のことを松井の引き立て役としてしか扱っておらず、河野にとっては少々気の毒な企画のように思えた。

当の河野も、必要以上に松井に引け目を感じているようだった。松井は砕けた口調で話しかけてくれているにもかかわらず、河野だけは畏《かしこ》まって敬語を使っていた。

のちにその番組のことに触れ、河野はこんな風に語っている。

「高輪《たかなわ》プリンスホテルで、松井の何かの授賞式があって、そのついでにやったんですよ。スイートルームかなんかで。だから、すっごい部屋でね。僕、アマチュアだから緊張するじゃないですか。松井はスーパースターですし。何しゃべっていいかわからなかったんですよ。野球の練習が終わった後、芝生の上で……とかだったらまた違ったんでしょうけど。松井は、ほんと、偉ぶったところもまったくなくて、すごくいいヤツだったんですけど、あの対談は僕の人生の中の汚点なんですよ」

汚点――。適切な言葉が見つからず、思わずそんな過剰な言葉を使ってしまったのだろう。だが、どこか洗っても落ちない汚れのような記憶になっていた。うっすらとした屈辱。

もう一本は三〇分のドキュメンタリー番組だった。タイトルは『あの夏の20球～主役たちの今～』。その番組で初めて知ったのだが、ドラフトにかからなかった河野は社会人野球のヤマハでプレーしていた。しかし、わずか二年半で退社。そのあとプロ野球の入団テストをいくつか受けたものの不合格となり、今は浪人中の身であるらしかった。

また、河野に関する詳細なルポルタージュを読んだのもこの頃のことだった。

年が明け、新宿の大型書店で求めたその雑誌には松井と河野の対談を放映していたスポーツ番組名と同じタイトルがついていた。つまり、テレビで放映したものを改めて文字化したタイプの雑誌だった。

そしてその雑誌の中にはふたりの対談を活字に起こしたものと、それに連動した形の『アウトローの夢』と題した河野の人物ルポが五ページにわたって掲載されていた。そこには、河野の生い立ちから始まり、五敬遠のこと、現在の状況、将来の夢までが実に事細かく記されていた。

それを読み、僕の焦りは決定的になった。一刻も早く河野に連絡を取らなければと思った。もう一〇年後にこだわっている場合ではない。

河野はものの数分でアイスコーヒーを空にしてしまっていた。

時おり、所在なさそうに溶け出した水を音を立てながらストローで吸っていた。

河野は高知県の西部に位置する西土佐村（現四万十市《しまんとし》）で生まれた。面積のうちおよそ九割が森林という、当時は人口およそ五〇〇〇人の寒村だった。

一九七四年、第二次ベビーブームの真っ只中《まただなか》だった。

少子化が進む現在の日本では毎年の出生数は一〇〇万人前後だが、この頃はその倍近い約二〇〇万人にも上った。野球界においてこの「団塊ジュニア」と呼ばれる世代から河野と同級である松井や、一年先輩にあたるイチローといった傑出した人材が生まれたのは決して偶然ではない。そもそも「市場」が大きかったのだ。

河野は小学校のときはソフトボールに夢中になり、中学生になって初めて野球を経験した。

ただ、河野とは何度も会っているものの西土佐時代の話をじっくりした記憶がほとんどない。それは河野が生まれ故郷の話になると、急につっけんどんな態度を取り始めるからでもあった。

「小学校？　ん……忘れた。西土佐ナントカ小学校っていう名前だったと思いますよ」

社会人になってからは一度も実家に帰っていないらしかった。大学を卒業した頃に両親が離婚してしまったそうだが、それはそのこととも無関係ではないように思われた。

河野は、今の自分と過去の自分をつなぎ止めるものを極力持つまいとしていた。それは家族との関係性の中からもうかがえたし、自分の記事が掲載された新聞や雑誌、または自分が出場した試合のビデオを持っているかどうか尋ねたときにも感じられた。

「全部捨てちゃいましたね。昔のものとかを取っておくの、好きじゃないんですよ」

高校進学の際、明徳を選んだ理由について河野はこう語っている。

「あの頃、高知商か明徳に行けば三年間で一回は甲子園にいけた。でも高知商はテストで何点か取らないといけなかったんで、あ、無理だなって。勉強、ぜんぜんできなかったですからね。でも明徳なら名前さえ書けばなんとかなると。じゃあ、明徳にしようって」

甲子園に出場し、プロ野球選手になる――。それが小さい頃から抱き続けていた河野の唯一無二の夢だった。

高校に入ってからしばらくは投手をやっていた。だが、二年生の終わりに「投手ではたかが知れている」と外野手への転向を申し出る。もともと非凡な打撃センスを持っていた河野はほどなく「三番・センター」として頭角を現し始めた。

ところが三年夏の高知県大会直前。不安があった投手陣を補強しようと、河野は一週間ほど前から急きょ投手に復帰させられる。それでいながら県大会では決勝戦で完投するなど、五試合中二試合に先発し、計一四回を投げた。投球回数は五人いた投手の中では二番目だったが、大事な場面はほとんど河野が登板していた。

「真《ま》っ直《す》ぐは一三〇（キロ）ちょいでしたけど、僕、コントロール、めちゃめちゃ自信ありましたから。低めに変化球を投げてれば打たれない。ピッチャーでホームラン打たれたの、練習試合で一本だけだと思いますよ。高校生なんて、体が大きいから四番とか、そんなのばっかかでしょう。たいしたことないですもん」

チームメイトのほとんどがあの夏を振り返り、こう口をそろえる。

「エースは事実上、河野だった」

だから、星稜戦、背番号はセンターを示す「8」番を付けていたものの、河野が先発したのは奇策でもなんでもなかった。

明徳を卒業した後、河野は東都大学リーグの名門、専修《せんしゅう》大学に進んでいる。そして大学四年間で通算二一本塁打をマークした。

最初の三年間は二部リーグだった（大学四年春に一部昇格）ということを差し引いても、大学レベルでは一流の記録といっていい。それは二〇〇〇年秋に巨人からドラフト一位で指名された中央大の阿部慎之助《あべしんのすけ》が、大学三年春まで同じ東都の二部リーグでプレーしながら、大学通算で一七本塁打にとどまったことからもうかがえる。二部とはいえ、東都リーグはそれほどレベルが高い。

当時の関係者の中にはこの年のドラフトの目玉と言われた青山学院大の井口資仁《ただひと》（元千葉ロッテ）や東洋大の今岡誠（同上）らと比べても打撃においては互角、もしくはそれ以上だったと評価を下す人もいたほどだ。河野本人も「あの二人には勝てんと思ったことはない」と言い切る。

「大学時代、僕が、コイツはちゃうなあ、と思ったのはひとりだけですよ。一つ下の高橋由伸《たかはしよしのぶ》（慶応大―巨人）。でも、アイツにも、飛距離では負けてなかった」

だがドラフト当日、河野の名前は最後まで読み上げられなかった。

「最初はマスコミが騒いでいるだけやと思っていたんですよ。でもいろいろと取材を受けるうちに、僕もだんだんその気になってきちゃって。本当にプロにいけるんちゃうかなって。でも甘かったですね……」

実際には話題性からマスコミが先走っているだけじゃないか、そんな見方があったのも事実だった。

ひとまずプロ入りを断念した河野はヤマハに入社した。だが前述した通り、そのヤマハをわずか二年半で去ることになる。

「アイツが社会人野球に収まっているわけないと思ってましたからね。プライドけっこう高いし。もう、プロ行く気、満々だったでしょ」

そう話していたのは明徳でバッテリーを組んでいた捕手の青木だった。血気に逸《はや》りがちな河野の性向を見抜いていた。

河野はヤマハで、一年目は六番、そして二年目には四番も任されるようになっていた。

ところが三年目、同じポジションに有望な新人が入部してきたことによって出番がめっきり少なくなってしまった。河野は感情を剝《む》き出《だ》しにして言う。

「ヤマハの選手には負けていない……誰にも負けてないと思っています」

ならば、何故《なぜ》出場できなくなってしまったのか。そう尋ねる。

「それはわかんないですけどね……。そういうこと、言っちゃいけないですから。まあ、出られなかったんですね」

首脳陣の起用法に不満を抱いていたことは明らかだった。あるいは多少の衝突もあったのかもしれない。そして河野はその年の九月、ヤマハを飛び出してしまう。

「試合に出られないんならこんなとこいてもしゃあないって。スカウトにアピールできないじゃないですか。だったら辞めてプロテストを受けてやろうと」

プロ野球の入団テストを受けるにはどのチームにも属していないことが条件になっていたのだ。しかし、広島、日本ハム、ヤクルトと受けたがいずれも不合格だった。

「最初は全球団受けてやろうと思っていたんですけど確認したら半分ぐらいしかテストをやってなくて。それで日程的な問題もあって結局三球団しか受けられなかったんです。ヤクルトのときは絶対受かったって思ったんですけどね……。七本、柵越え打ちましたから。どこのチームでも似たようなことを言われましたよ。『昔だったら取れたかもしれないけど今はどこも苦しいから』って」

不況、そしてリストラ。そんな荒波にさらされているのはプロ野球界も同じだった。どのチームも必要最小限の戦力だけでチームを維持しようとしていた。

こっそりと球団の内情を教えてくれるチームもあった。

「入団テストはファンサービスのためにやっているようなものなんだから。本当にプロにいきたかったらこんなとこにきちゃだめだよ」

日本がダメなら台湾ででもやるか、そう思いかけていたときだった。購読していた読売新聞であるツアー広告を目にする。ロサンゼルスに日本人がオーナーを務める野球学校があり、その学校が主催するツアーに参加すればアメリカのプロ球団と契約できるかもしれないという。

日本から二五人の野球経験者を募り、そのメンバーでアメリカ国内を転戦する。相手は主に独立リーグのチームだった。独立リーグとはメジャーリーグ（ＭＬＢ）とは別のもっと小規模なプロ野球組織のことだ。その試合で活躍できれば、偵察に訪れている向こうのプロのスカウトから声がかかるかもしれない。

日本人にとってメジャーリーグが身近になった今日、アメリカにある野球学校が日本人向けにこうしたツアーを企画するケースが増えてきていた。

河野はその夢に飛びついた。

「日本の野球はもうええわ。やっぱ野球やるなら向こうやな」

そうした経緯を経て、この取材の翌日、河野はアメリカへ旅立つことになっていたのだ。

「まあ、ひとまずやるだけのことはやってみようかなと。どうせなら（サッカーの）中田みたいになってやろうかなって。はははは。今度はSP連れて帰ってきますよ！　ま、なかなか難しいんでしょうけどね……。試合出るのも一年振りぐらいですしね」

河野の中では強気と弱気が錯綜《さくそう》していた。まるで芽生え始めた「希望」と、すでにある程度まで育ってしまった「諦め」が、精神の養分を奪い合っているかのようだった。

近況と生い立ちをひと通り聞いたところで、いちばん聞きたかったことをようやく尋ねることができた。

河野はいくぶん当惑しているようだった。どうしてみんなしてそんなことを聞きたがるのかと。

「……よくそういう風なことを聞かれるんですけどね、敬遠したことであなたの野球人生変わりましたかみたいな。でも変わったことっていっても、そうですね、こうやって、いろいろな人から取材を受けるようになったことぐらいじゃないですか」

あっさりとしていた。口調もその内容も。まるでどこそこのレストランは美味《おい》しかったですかと聞かれ、「美味しくもなく、不味《まず》くもなかったですね」とでも答えるかのように。

「いい思い出ですよ。誰も経験できないことを経験したわけですしね。みんな『河野がかわいそう』っていいますけど、ぜんぜんかわいそうじゃないですよ。勝ったんですから。それに僕ぐらいの活躍でいろんな雑誌とかに載せてもらえるのも、あの試合のお陰でしょう。得じゃないですか。有名になって嫌な人って、いるんですかね」

……いい思い出？　そんなはずはないだろう。

思わずそう問い詰めたい衝動にかられた。

「他のメンバーも同じような感じなんですか？」

「どうですかねえ。今はもう、集まっても女の話ぐらいしかしませんからね。そんなもんでしょ？　高校時代の話とか、普通、します？　せんでしょう」

河野の返答には何のドラマ性も付着していなかった。

ただ、河野は必要以上にプロに固執しているように映った。

河野はこれまで「一〇〇回ぐらい」取材を受けてきたと話す。そしてその中に感じた優越感にも似たある種の同情。それを乗り越えるためには、自分がプロの舞台でプレーするしかない、そう思っていたのではないか。

しかしそんなセンチな見方も河野は完全に否定した。

「小さい頃からプロでやるもんだと思っていたんで。だからあの試合は別に……。ほんと、テレビとかが取材にくるようになっただけですよ。変わったことといえば」

だとしたら、あの青木が言ったとされる《甲子園なんてこなければよかった》というセリフはどういう意味だったのだろう。

「あれは嘘《うそ》ですよ。新聞に勝手に書かれたっていうてました。あんとき、みんなけっこう聞いたんですよ、青木に。『おまえ、そんなことゆうたんか！』って。そしたら『ゆうてない』って。青木、あのあと新聞社に抗議の電話をしたらしいですよ」

大事に抱き続けてきた「ストーリー」が音を立てて崩れていく……。

苦し紛れにアメリカの話題に転換していた。

「契約できるといいね」

「向こういったらメール書きますよ。海外でインターネットつなぐのって、難しいんですかね」

味気ないやりとりが続いた。急速に河野への興味を失いつつあった。

それでも、この後も河野のことを気にし続けていたのは、こんな一面を持っていたからだった。野球を断念せざるをえなくなったときどうするかという話題になったときだ。

「何か考えている仕事はあるの？」

「今考えているのはホストクラブだけなんですけど……」

ドキリとしたが、咄嗟《とっさ》にそれを顔に出してはいけないと思った。

「経験あるの？」

「ないです、ないです」

「初挑戦か」

「はい。稼ぎ、いいじゃないですか」

「（野球の）指導者になるとかは？」

「だめですよ。教えられるわけないですよ」

「でも、まずは野球だもんね」

「今のところは、そうですね……」

少し間があった。

「ホストクラブ、嘘ですよ」

こちらが真に受けたことに対し、少し拗《す》ねているようでもあった。

同級生によれば、高校時代は「女の子と話す姿なんて想像できなかった」というほどの典型的な硬派だったという。

河野がこんな風にこぼしていたことがある。

「馬淵さんと同じで、いい人って見られるのが嫌なんですよね」

本音を語るときはやや伏し目がちになる。それも馬淵と共通していた。

結論から言うと河野のアメリカ行きは失敗に終わった。

出だしはまずまずだったのだ。最初の二週間の滞在を終え、いったんは帰国したが間もなく再渡米した。独立リーグのオッターズというチームが契約を結んでくれるかもしれないということになり、そこの練習に参加することになったのだ。

この頃、河野からもらったメールには《今回はなかなか日本に帰れそうにないです。頑張って野茂《のも》より凄《すご》くなろうと思います》など、希望に満ちた内容のものが多かった。イチローがアメリカに渡るのはこの翌年、二〇〇一年のことで、アメリカで成功した選手となるとこの頃はまだドジャースの野茂英雄《ひでお》やマリナーズの佐々木主浩《かずひろ》など投手しかいなかった。

早いときはその日のうちに返信が届き、行数もどんどん長くなっていった。《日本でプレーできないときはどこでもいいから野球の出来る環境がほしいと思いましたが、今は欲が出てきて、少しでもレベルの高いところで野球がしたいと、アメリカに来て思うようになりました。僕の契約が決まったら試合を見に来てください（後略）》

しかし、《独立リーグの方は肩の調子が良くないので契約できませんでした》というメールが入ってからは、なかなか返信が戻ってこなくなり、行数も次第に減っていった。「肩の調子が良くない」というのは具体的にはルーズショルダーだった。野球選手に多くみられる状態で、酷使することで肩関節が異常に緩くなってしまうのだ。

帰国後、数日経ってから柏駅の近くにあるちょっと洒落た居酒屋で「残念会」をやることになった。

「これぐらいじゃへこまないですよ」

河野はビールをそれこそ水のように飲んだ。こちらも河野のピッチにつられた。その勢いを借りて、またしつこくあの試合のことを聞いていた。河野は酒が進むとどんどん声が大きくなる。

「あんとき、僕が何がいちばん腹が立ったかというと、みんな言わせたがるんですよ！『勝負したかったです』って！」

実際、朝日新聞には河野がそう言ったとされるこんな記事があった。

《「本当は勝負したかったんじゃない？」。「ちょっとは……」と河野。目線がその時、宙をさまよった》

「あんなのイカサマですよ。僕もまだ子どもでしたからね、そりゃあ、しつこく聞かれてちょっとうなずいてしまったということはあったかもしれませんけどね。だって、もう、すっごい騒ぎで僕もわけわからんようなってましたもん。要はあれでしょう、みんな馬淵さんを悪者にしたいんですよ」

そう意図して質問をぶつけている人が大多数だったのかもしれない。でもそうではなく、もっと純粋な疑問として、松井に自分の力がどこまで通用するのか試してみたい、そんな思いがよぎった瞬間は本当になかったのだろうか。

「もうピッチャーとしてのこだわりはなかったですから。この前、上原《うえはら》（浩治《こうじ》＝元巨人）が敬遠して泣いていたじゃないですか。あれはわかるんです。ピッチャーとして力がないということを認めることになるわけですから」

一年前のシーズン終盤でのことだった。上原はランナーなしの場面でヤクルトのロベルト・ペタジーニを敬遠した。ペタジーニと松井がホームラン王争いをしていたため巨人ベンチが勝負を避けさせたのだ。

そのとき上原はマウンドを蹴り上げただけでなく、あふれ出る涙をアンダーシャツで拭っていた。

「でも僕の場合、すでに力がないってわかっていたから野手に転向しようと思ったわけですし。そういう意味では逃げ場がありましたからね。自分はどうせピッチャーじゃないんだからっていう。後悔なんてないですよ。僕の野球人生で後悔したことといえば、二部の専大に行ってしまったことと、ヤマハを選んだことでしょうね。もっとプロに行くことを考えてチームを選ぶべきだった」

その物言いに含みはまったく感じられなかった。

「あの試合でいちばんしんどい思いをしたのは星稜の五番バッターでしょう。月岩《つきいわ》でしたっけ。大学で野球を辞めたって聞きましたけど」

月岩信成《のぶなり》。「四番・松井」の次の打者だ。あの試合、月岩はスクイズを一本決めた以外は四打数無安打だった。もし月岩に一本出ていれば、おそらく試合展開はまったく違ったものになっていた。確かに、ある意味では松井以上に辛《つら》い思いをしたに違いない。河野に指摘されるまでそんなことは考えたこともなかった。青木のひと言に触れてからというもの、星稜サイドのことはまったく視野に入らなくなっていた。

……月岩に会いに行ってみようか。

そんなことを思った。でも、それをやっちゃいけないだろ、そう感じてもいた。ただ単に「辛い人探し」をしているわけではないのだから。

河野は今後の身の振り方について語り始めていた。

「ホストクラブの最終面接までいったんですけどね……。でも、腎臓《じんぞう》を悪くすると野球ができなくなるじゃないですか。だから辞めたんです」

小さく裏切られた気がした。

河野が本当に面接を受けたのかどうかはわからない。それを聞くのもなんだか馬鹿馬鹿しいような気がした。

しばらくして河野から専修大のコーチとして雇ってもらえそうだという連絡が入った。意外だったのはけっこう喜んでいるらしいということだった。

その後、神宮球場で三塁コーチャーズボックスに立っている河野の姿を何度か見かけたことがある。決まってグラウンドにいる他の誰よりも元気があった。常に何かしら大声で叫んでいるのだ。

相変わらずだなあ……。

こんなシーンを目撃したこともあった。本塁クロスプレーで自分のチームの走者と相手チームの捕手が接触し、乱闘になりかけたことがある。そのとき誰よりも早く専修大の選手を援護しようとホーム付近に駆け寄っていたのが河野だった。顔を真っ赤にし、「謝れよ！」と捕手に向かって叫ぶ声が記者席まで響いてきた。

体の方は見るたびに大きくなっているようだった。まるでバラエティ番組でよく見掛ける相撲取りの被《かぶ》り物《もの》を被った人のようでさえあった。この頃、最高で一〇二キロまで達したことがあったそうだ。

そんな腰回りがどんどん太くなっていく河野を案じつつも、彼はこうやって現役をあきらめ、指導者としての道を歩んでいくことになるのだろうな、そうぼんやり考えていた。

第二章　誤　解

無防備な人。それが馬淵史郎と初対面を果たしたときの第一印象だった。

それまでの馬淵のイメージといえば、あの試合のあとに行われたＮＨＫの勝利監督インタビューでの印象がすべてだった。

日焼けした顔は汗で黒々と光っていた。目は不安定に上にいったり下にいったり。インタビュアーの方に顔は向いているのだが、どういうわけか目だけは合わせようとしない。そして、見事などら声だった。

「我々も一年間、死に物狂いで練習してきましたし、高知県代表として初戦で負けるわけにはいきませんのでねえ」

ニュース番組で断片的にそのシーンに接し、なんなんだろうこの人は、そんな嫌悪感を抱いた。馬淵が発していたギラギラとしたものに馴染《なじ》めなかった。

初めて馬淵に会ったのは、モスバーガーで河野和洋とアイスコーヒーを飲んでから、およそ一年と四ヶ月後、二〇〇一年九月一七日だった。

ニューヨークの世界貿易センタービルに二機のジェット機が突っ込んだ同時多発テロ。のちに「9・11」と呼ばれるようになった大事件が起きた六日後のことでもあった。

このときは星稜戦の話を聞くことが目的ではなかった。まったくの別件。高校野球の指導者向けのある月刊誌の取材で、その年の夏の甲子園における采配について振り返ってもらうことになっていた。

馬淵は、約束していた午前一〇時三〇分ちょうどに、取材場所として指定していた校内のある建物のロビーに現れた。するとあいさつもそこそこに、あらかじめ伝えてあったテーマに沿ってスラスラと話し始めた。こちらが質問を挟む必要はほとんどなかった。自分で問題点を指摘し、反省し、それを何度か繰り返しているうちに気づくと総括し始めていた。

あっという間に一時間半が経過していた。

「今日、帰るの？」

そう言って、そばにあったテレビの電源を入れた。テレビはテロ報道一色だった。

「どうなるんかなあ……。アメリカも、野球どころじゃなくなるんやないか」

それを合図に完全に雑談モードに切り替わった。その雑談時間を僕は無意味に引き伸ばしていた。

そして、そろそろ辞すべき時間かなと思ったころ、意を決した。

「ちょっとお願いがあるのですが……」

その言い方に角張《かどば》った雰囲気を感じ取ったのだろう、「はい」、馬淵はそう言ってすっと背を伸ばした。その態度に安心感を覚え、割とすんなり次の言葉が出てきた。

「松井を敬遠したときの試合に前々から興味がありまして、いつかちゃんと取材をしてみたいなと考えておりまして」

すると、馬淵は嫌な顔をするわけでもなく、ひょいと言った。

「答えは出んよ、一生」

五敬遠がよかったのか悪かったのか――。

「ええやろ。あれで松井の株が上がったんやから」

そう自嘲気味に笑う馬淵を見ながら、一瞬、自分の表情が強《こわ》ばったのがわかった。どうしよう、痛烈な松井批判が始まりでもしたら。

でも、話はそこでいったん途切れた。

そこでさっそく本題に入った。あの試合を録画したビデオテープを貸してもらえないだろうか、そう切り出したのだ。試合のビデオを観ておかなければいけないと思っていたのだが、その入手経路が他に思いつかなかったのだ。

「……あったかなあ」

馬淵は天井を見上げた。そして、ポツリ、ポツリと続けた。

「あれでな、明徳にダーティーなイメージがついてしもたけどな。オレが辞めりゃあ。フッ。それもなくなるやろ」

ひょっとしたら馬淵はあと一、二年で辞めるつもりなのではないかと思った。

明徳は星稜戦があった一九九二年夏以降、いったんは三年半後の九六年春まで甲子園から遠ざかった。だがその後、この〇一年夏までの六年間では、春夏合わせて一二回あるチャンスのうち、実に一〇回も出場していた。

ただ甲子園では、九八年夏、準決勝で松坂大輔《まつざかだいすけ》（現西武）率いる横浜高校に八回から六点差を逆転されたように印象的な負け、不運な負けが多かった。

明徳はもはや甲子園に出るだけでは評価されないチームになっていた。それだけに、このときの「オレが辞めれば……」という言葉にはリアリティがあった。

馬淵は、いったん校内にある野球部寮に併設されている自宅に戻り、星稜戦のビデオを持ってきてくれた。そして、「めしぐらい食ってけや」と、ぶっきらぼうに言った。

学食で昼食をともにし、その後は、タクシーが迎えにくるまでの間、門の近くで馬淵と一緒に時間をつぶした。

空は澄み渡っていた。黒いフィルターに差したマイルドセブン・スーパーライトをくゆらせながら、馬淵はこちらに背を向け遠くを見やっていた。

大学野球の監督の中でいちばん好きなのは亜細亜《あじあ》大学の内田俊雄《うちだとしお》（元拓殖《たくしょく》大学監督）

だという話になったので、その理由を尋ねてみた。依然として馬淵の顔は見えないままだ。

「義理堅いからなあ、あの人は。ああいう人は信用できる」

またひとつ大きくタバコの煙を吸い込んだ。

癖はあるけど、どことなく愛嬌《あいきよう》のあるこの馬淵という人物に、急速に親近感を覚え始めていた。

四方の視界はすべて間近に迫った山に遮られている。

その山の端によって縁取られた小さな空をトンビが、笛のような鳴き声をこだまさせながらゆったり旋回している。

そんな姿を眺めていると確かにその山々がさながら高い「塀」のようにも思えてくる。

明徳の選手は、ここでの生活を十中八九こう形容する。

「刑務所のようですね」

そして観念したようにこぼすのだ。

「脱走は不可能です……」

週刊誌などはおもしろおかしくこう書き立てる。

「陸の孤島」「自然の要塞」「明徳村」「明徳サティアン（旧オウム真理教の宗教施設の

名称）」「監獄」

ただ、それらの表現も、ここの環境にどっぷり身を浸してみるとあながちオーバーとも思えない。

明徳が日本一になった二〇〇二年の暮れ、四泊五日の日程で改めて明徳へやってきていた。本格的にこの取材を始めるにあたり、誰よりもまずは馬淵の話をじっくりと聞きたいと思ったからだった。

ときおり椰子《やし》の木を連想させるような生暖かい空気が鼻腔《びこう》をかすめる。年の瀬だというのに、このあたりは東京の一一月中旬ぐらいの陽気に感じられた。高知駅周辺はさほどでもなかったのだが、ここまでくるとその気温差は歴然としていた。

高知県のほぼ中央からタヌキの尻尾のように、L字型に垂れ下がった半島がある。北にたゆたうエメラルドグリーンの内海を、ちょうど抱きかかえるような地形をしている。総面積は一八・七平方キロメートル。甲子園球場が約四七二個入る大きさだ。それが県立公園、横浪《よこなみ》半島だ。「明徳義塾中学校・高等学校」は、その半島の真ん中の山あいに埋もれるようにしてある。

横浪半島までは、レンタカーを借りれば、高知駅からだと一時間弱、高知龍馬《りょうま》空港からだと四〇分程度でたどり着く。この半島を縦走する「横浪スカイライン」は、その絶景ゆえ、高知市周辺の観光スポットにもなっている。

眼下に広大な太平洋を眺めながら、つづら折りの続く横浪スカイラインをひた走る。半島の真ん中辺りまでくると右折を促す看板がある。そこを折れ、下るというよりは落ちるようにして坂道を下っていく。右に左にくねくねと曲がりながら。すると突然、視界が開け、目の前に野球場が出現する。さらに奥へ進むと校舎などの建物が見えてくる。

当時の四番だった岡村憲二《けんじ》は、この坂道を下ると未《いま》だに胃がむずむずとしてくるそうだ。岡村は、河野とともに専修大に進み、その後も社会人野球の明治安田生命で内野手としてプレーを続けた。

「あの道ですよ……。なんて表現したらいいんですかね。海と山ばっかで。最後、急な坂道を下っていくじゃないですか。今でもあの坂道を下りていくと、うわあああ、って、なるんですよね。入学式のときの覚悟が蘇《よみがえ》るんですよ。三年間、野球だけすんだ！　って。甲子園いかないとシャレにならないぞ！　って」

一九七三年に「横浪スカイライン」が開通するまでは、横浪半島へは船で渡らなければならなかった。なぜかくも不便な場所に学校を建てたのか。

『黒潮に燃える徳・体・知／明徳中高等学校十年の歩み』という本の中で、創始者であり初代校長でもあった吉田幸雄《ゆきお》のこんな言葉が紹介されている。

《わしは、あえて町なかを避けて辺境の地に建設したのじゃ。全寮制の二四時間教育は近所でネオンがまたたいていたり、甘い甘いキャラメルママがつきまとうような環境ではできん。わざわざ山間僻地《へきち》を選んだのだ》

全寮制の二四時間教育——。これが明徳の最大の特徴でもある。現在は全校生徒およそ一〇〇〇名のうち一割程度は通いの生徒もいる。だが数年前までは、全校生徒と、校長を含む教職員すべてが、この敷地内で起居を共にしていた。

明徳は学校の基本理念として「モラロジー」を採用している。聞き慣れない言葉だが、日本語に訳すと「道徳科学」となる。いわば、生き方の教えのようなものだ。日本全国にモラロジーの研究所が設立されており、そこに熱心に通っていた親の影響で明徳にやってくる生徒も少なくない。

モラロジーの影響はさまざまなところで見られる。そして、その最たるものが「師弟同行《どうぎょう》」という考え方だ。

吉田幸雄の息子であり、当時校長の吉田圭一《けいいち》は説明する。

「『同行』というのはもともと仏教用語なんです。『師弟同行』というのは、教師も生徒も常にともに行をする、つまり修行をするということです。だからうちでは教職員も一緒に寝泊まりするんです。それから修行という意味で、野球場は『野球道場』、サッカー場は『サッカー道場』というように、どのクラブの練習場も『道場』と呼んでいます」

野球場の入り口にある門柱には「明徳義塾野球道場」と浮き彫りにされた縦七〇センチ、横二三センチほどの銅板が掲げられていた。

ただ、学校自体が大きな道場のような雰囲気をたたえているせいもあるのだろう、そんな習わしも明徳の中にいると案外普通のことのように思える。

野球部は今もなお全寮制をしいている。部員が帰省できるのは、お盆と年末年始の一週間前後のみ。それから他の生徒も同様だが、普段は外出も禁止だ。

もちろん外出が許されたとしても行く場所などない。電車や路線バスは走っておらず、自転車を所有することもできないので交通手段は徒歩に頼るしかない。歩いたならば、いちばん近くのコンビニに行くのでさえ優に一時間以上はかかる、そんな場所なのだ。

捕手だった青木貞敏が明かす。

「あそこにおると、感覚がずれてくるんですよ。病院行くときだけ街に出られるんですけど、女の子、みんなかわいく見えましたからね。こっちは坊主頭なのに、病院行くときだけシャンプーしたりしてね」

明徳にも女子生徒はいる。ただ、いかんせん地味だ。化粧はもちろん、髪を染めることも、パーマをかけることも、派手なゴム等で結うことも禁止されている。また、ほとんどの女の子が生徒同士で髪を切り合っている。そのため、ここの女子生徒を眺めていると、何十年か昔にタイムスリップしてしまったかのような錯覚に陥る。

青木が言うように、原則的に、外出できるのは医者にかかるときぐらいしかない。敷地内にはポストがあり、ＡＴＭがあり、小さいながらも文具品、雑貨、食料品等を購入できる売店もある。坊主頭の野球部員の場合は必要ないが、必要であれば散髪屋も出張してきてくれる。つまり、ほぼ三年間、この小さな空間内だけで生活していかなければならない。

そんな閉鎖的な場所だけに「明徳弁」なる独自の文化も育つ。大阪出身のある部員は、

「最初、何言っとるかわからんかった」と話す。

「『きゃん怠《だる》い』とか言うんですよ。『きゃん』って、すごい、とかそういう意味があるんです。あと『ぶりダッシュ』とか。これもめっちゃ速いダッシュのことをそう言うんです」

それから「ばぶれる」。これは『ふて腐れる」などの意味がある。

校長自らが明徳における生活は「修行」だと語るように、生活様式も独特だ。たとえば朝礼では、君が代と校歌を斉唱しながら、日章旗、校旗、国連旗を掲揚する。

校長の吉田はこう笑う。

「当初はいろいろ誤解されましてね。でも、祖国日本の平和を願い、世界の平和を願う。

国連もいろいろと問題はありますけどね。そういうことを毎日毎日やる。そうすると、その子の人格に少しずつ影響してくる。畏敬の念とか、感謝の念が育ってくるんです」

　次のような朝のあいさつもある。それぞれの郷里の方角を向き、こう声をそろえるのだ。

「お父さん、お母さん、ご家族のみなさん、おはようございます。今日も元気に目覚めることができました。お父さんも、お母さんも、お体に気をつけ、今日一日をお過ごしください！」

　あいさつが終わると、ラジオ体操や行進が待っている。行進は、足を高く上げ、拳を握り、腕は九〇度以上あげなければならない。甲子園の開会式のとき、明徳の行進がひときわきれいにそろっているのはこうして毎日訓練しているせいなのだ。

　また朝食のときには、全員で「箸とらば」という食事訓を朗々と吟じる。これを一〇〇人が一斉に行う様は、初めて見たときは異様な光景に映ったものだ。

〈箸とらば　天土《あめつち》御世《みよ》の　御恵み　君とみ親の　ご恩を味わう〉

　要約すれば、食事のときはそれを恵んでくれた自然と両親への感謝の気持ちを忘れてはいけませんよ、という意味だ。今ではすっかり珍しい習慣となったが、食糧難だった戦時中、国民学校や疎開先などでは食事の前によくこの「箸とらば」を唱えていたそうだ。

吉田は入学式の際、新入生に決まってこんな訓辞めいた言葉を贈る。

「自由は奪います。その代わり、夢は与えます」

あの試合、伝令役を任されていた控え選手の中矢太《なかやふとし》は「うまいこと言いますよね」と、してやられたといった笑みを浮かべる。中矢も専大に進学している。ただ、河野や岡村のようにレギュラーにはなれなかった。今は愛媛県の強豪、済美《さいび》高校の監督だ。

「その頃の明徳は今以上に自由が規制されてましたからね。お金も持てない。お菓子なんて売ってませんでしたよ。飲み物も水とお茶ぐらいしか飲めない。寮も今みたいに個室じゃなくて、大部屋が二つあるだけ。そこで五〇人ぐらいが一緒に生活してました。それから、女の子と一対一でしゃべったらいかんとかですね。息を抜けるところがまったくなかった。でもそれだけいろいろなものを犠牲にしてるんだから、校長がいうように、元は取りたいっていう思いはありましたよね」

言い忘れたが、青春の「必修科目」、恋愛についても厳しく制限されている。交際はもちろんのこと、現在でも教師の目の届かないところで男女が口をきくことは許されない。女子寮の敷地内は言うまでもなく、そこへと続く数十メートルの坂に足をかけただけでも、見つかったら退学になる。

ある選手に、どうせこっそり行ってるんでしょう、と鎌をかけてみた。だが、まるで登頂不可能な岩壁を見るように女子寮の方角に目をやり言った。

「明徳における限り、絶対、無理ですね」

至る所で縛りがきいていた。

誘惑が少ない。やることも限られる。それは見方を変えれば確かに「夢」をかなえる環境としては最適なのかもしれない。

明徳の選手の夢――。それは今も昔も変わらず、甲子園に出て、大優勝旗を手にすることである。


取材初日。球場に到着したのは九時四〇分ごろだった。

グラウンドではすでに選手たちがウォーミング・アップを開始していた。馬淵はユニフォームの上にスカイブルーのフリースを羽織り、フェンスに沿ってリズムよく歩いていた。

身長一六六センチ、体重七〇キロ弱。小さくてややぽっちゃり型。漫画のキャラクターになりそうな体格をしている。当時、野球部の部長を務めていた飯野勝《いいのまさる》も似たような背格好だ。そのため遠目だと区別しづらいのだが、見分けるコツはあえていえば「気の炎」だ。身体《からだ》からゆらゆらと立ち上っている焔《ほのお》のようなものがあるかないか。

馬淵は二〇代の後半、兵庫県を本拠地にしていた社会人野球チーム、阿部企業の監督をしていた時期がある。その時分に親交があった岡本透《とおる》(元横浜)が馬淵のことをこんな風に評していた。

「軽自動車にね、大きなエンジンを積んでるような、そんな感じの人ですよね」

ダイエットのために最近は毎朝ウォーキングでグラウンドを一〇周しているという馬淵は、それを終えるとさっそく僕をベンチの中に招き入れた。そしてどこからか温かい缶コーヒーを出してきた。鮮やかな水色のデザインのものだった。

そして自分も同じ加糖のものを飲みながら、「こんなん飲んだらせっかく歩いて消費したぶんのカロリー、何にもならんわな」と言って顔に大きな皺《しわ》をつくった。


馬淵は、一九五五年一一月二八日、愛媛県の大島《おおしま》で生まれた。この年は、後に七三年まで一八年間続くことになる日本の高度経済成長の元年でもあった。

住所は、愛媛県八幡浜《やわたはま》市大島。八幡浜港から船に乗り、二五分ほどで渡ることができる。僕が訪ねた二〇〇三年当時、運賃は往復で一二八〇円だった。

船乗り場にあった小屋同然の待合室の壁にはこんな文句が躍っていた（以下、原文ママ）。

《太陽と青い海　大島へ!!

海水浴・キャンプ・釣りなどに大島へ一度尋ねてみませんか》

しかし、それはまだ石原裕次郎や美空《みそら》ひばりが生きていた頃の話だ。現在の大島には、宿泊施設はひとつもなく、船の便数も少ないため日帰りで遊びに行くことさえもできない。

多いときには人口も二〇〇〇人を超えていたが、その頃には三〇〇人前後まで激減。島内に唯一ある学校、大島小・中学校の生徒は九名しかいなかった。

島内にはすでに六歳以下の子どもは一人もおらず、校長先生は、そのとき最下級生だった小学二年生が中学を卒業する頃には生徒数はゼロになる可能性が高いと話していた（二〇〇九年三月に、大島小・中学校はともに閉校した）。

過疎化という言葉では足りない、大島は限りなく消滅に向かって突き進んでいた。

そんな小島で、日本が高度成長期を走り始めた頃、史郎少年はどう育てられたのか。

大正一〇年生まれの、いかにも人のよさそうな母の中本《なかもと》アキは生前、こう語っていた。

余話になるが、「馬淵」というのはアキの旧姓である。馬淵も明徳にくるまでは中本と名乗っていた。だが馬淵姓の継ぎ手がいなくなってしまったため、三男坊だった馬淵が継ぐことになったのだ。

「あの子は育ったんですよ。育てたんじゃない。ああしたらいけん、こうしたらいけんということもなく、大自然の中、夜が明けてから日が暮れるまで好き放題。ちょうど仕事も忙しい頃でして（父の正夫《まさお》は中学の体育教師、アキは小学校で養護教諭をしていた）、あの子をみてやる暇もなかったんです。言葉は悪いですけど、牛の放し飼いみたいなもので。牛の放牧です！」

　アキの回想でもっとも印象に残っているのはこんな話だった。

　小型船舶の免許制度がまだなかった当時。史郎少年は小学四年生ぐらいにもなると、四馬力ぐらいの船（小さな釣り船程度）を自分で運転し一人で釣りにでかけることがよくあった。

「そうやって魚を釣ってくると、『先生、魚釣れたぞ』って、ほいっ、て独身の先生のところに持っていってあげたりね。あの子は、そういう憎めんところがありましたね。あとは、夜が明けると、金突き（モリのこと）を持って、海岸沿いをタッタ、タッタと走るんです。そうして何匹かタコを突いてくるんですよ。そんなんが大好きでね。どこを潜ってもウニやサザエが獲《と》れよった時代ですから。道を歩きよっても、『あら、タコ』いうような感じで。それを史郎が金突きで突いて、はいっ、て持ってきてくれるんです」

　魚を「ほいっ」と持っていき、タコは「はいっ」と持ってきてくれる。アキのそんな描写は、今にも通じる人懐っこい史郎少年の往時の姿をありありと頭の中に蘇らせた。

　史郎少年は中学二年まで、この小さな島でソフトボールと釣りに明け暮れて過ごした。子どもの野性を変に矯正されることなく。

「まあ、いうたら自然児よね。あんなところで育ったら。冬は魚釣り、夏は海水浴。あとは……スイカ盗んだり、カキ盗んだりしては、大人にこっぴどく叱られたりしてな。宿題なんてやった記憶ないな」

史郎少年だけではない、この時代の大島の子どもの多くがそのように「牛の放牧」のような育てられ方をしていた。だから誰もが生まれ持った資質を大人になってもそのまま持ち続けることができた。

今の馬淵を見ていて、どうしてこういう人間ができあがったのだろうと思うよりも、小さい頃と変わってないだけなのだろうな、そう思うことが多いのはそのせいに違いない。

勝ち気で、無鉄砲で、大言壮語なところがあって。それから、ピュアで、悪賢くて、愛嬌があって、無愛想で、正直で、嘘つきで——。

あとから修正を施したような箇所がほとんどなかった。

「明徳に行ったんは、忘れもせん、昭和六二（一九八七）年の五月よ」

拓殖大学を卒業し、いくつかの職を転々としていた馬淵はすでに三一歳になっていた。

「ゴールデンウィークのあとの土曜日か日曜日や。練習だけ見て帰ろう思ったら、一杯飲んでけや、泊まってけやって。それで朝になったら、服も、ユニフォームも、こうちゃるからもうちょっとおれと。それで、そのまま居着いてしまったんよ」

五年間勤めた警備会社の阿部企業を辞め、愛媛に戻り、佐川急便のドライバーを始めたばかりの頃だった。高知県内で急速に力をつけ始め、部員一〇〇人を超える大所帯となっていた明徳からコーチ就任の依頼があった。

当時、明徳の監督だった竹内茂夫《しげお》とは以前から面識があった。竹内も、馬淵が野球の師と仰ぐ田内逸明《たうちいつあき》の教え子だったのだ。

「竹内さんは田内さんの秘蔵っ子だったんよ。だから俺よりひと回りぐらい年上なんやけど、兄弟分みたいなもんでね」

馬淵は、高校は愛媛県立三瓶《みかめ》高校に進んでいる。八幡浜港から車で四〇分ほどのところにある。そして馬淵が野球部を引退すると同時に三瓶にやってきたのが田内だった。愛媛県内では知る人ぞ知る名監督。教員免許を持たない、「職業監督」だった。

馬淵は引退してからもコーチとして野球部に顔を出し、田内に教えを請うた。大学生になってからも、社会人になってからも、時間さえ許せば、田内の手伝いを買って出た。

母親のアキが思い起こす。

「もう、もともとがさっこらさあ、のタイプですからね。田内さんのお尻を追いかけて、田内さんのお茶汲《く》みから、洗濯から、みんなお世話して。もうべったりでした。腰巾《こしぎん》着《ちゃく》みたいなもんですよ」

それでも馬淵にとっては、まさに目から鱗《うろこ》が落ちる日々だった。

「何を教わったかは、ひと言ではよういえん。教わったことがあり過ぎるから。ただ、これが野球なんだという気がしたね」

田内に出会うまで馬淵の中にあった野球は、投げて打つだけ、そんな牧歌的なものだった。だが田内が示した野球の中には戦術があった。いかにして勝つか——。勝負事の妙、それを叩《たた》き込んでくれたのが田内だった。誰にも相談せずに松井の敬遠策を決断したという馬淵だが、もし、田内が生きていたならば、と問うと、即答した。

「相談しとったでしょうね。もちろん、やれ、言うたでしょ」

田内を崇拝していた竹内にとって、田内の薫陶を受けていた馬淵はスタッフとして加えるにはこれ以上ない人材だった。

馬淵は阿部企業を去った直後にも一度、竹内に声をかけられ、そのときすでに断っていた。それなのに勤務先に何度も電話が入った。支社長が竹内の高校時代の後輩だったため、竹内はその支社長からくどき始めていたのだ。

「よこせや、みたいなことを言われてたんだと思いますよ。それで支社長も、どうや、って聞いてくるから僕はお金の方がいいですってハッキリ言ったんです。だって明徳に行ったら野球漬けになるの、目に見えてるでしょ。こういう環境なわけやから。野球から離れたくて愛媛に帰ってきたのに。野球やるんなら阿部（企業）に残ってますよ。それに一度監督やった人間がまたコーチからやるっていうのもねえ……」

だが、最終的には竹内の熱意に根負けし、とりあえずは練習だけ見に行くことになった。

「あそこで行ったんが運の尽きやったね」

馬淵の長兄で、九歳上の彰三《しょうぞう》は、陰ながらそんな弟を案じていた。松山の損害保険会社に勤めている彰三は、馬淵にそっくりだった。ふっくらとした頬。ぎょろりとした大きな目。ずんぐりとした体型。気持ちが入ってくると腕を組み、唇をすぼめて話し出すところまで似ていた。

「私は明徳に行くのは反対やったんです。そろそろ野球から足を洗ってちゃんとした方がいいんじゃないかと思ってましたから。佐川急便がしんどいっていうのもちょっとはあったんじゃないですかね。それで渡りに船という感じでね。それにまさか竹内さんがあんなに早く監督を辞めることになるとは思ってなかったですしね。不思議なことにアイツが行くとこ行くとこ監督がすぐいなくなって、ぽんぽんって監督になってるんですよ」

師匠の田内が阿部企業の監督を引き受けることになり、マネージャーとして引っ張られたときは、その田内が一年目のオフにクモ膜下出血で他界。いやおうなく、馬淵は二七歳という若さで監督になった。

馬淵は自分では明徳に来たことは本意でなかったというような言い方をしていた。しかし実際は、彰三の言うように「渡りに船」という思いもあったのではないか。

確かに野球に倦《う》んでもいたのだろう。またコーチという職にも抵抗があったに違いない。だがそれ以上に阿部企業で監督を務め、これまで以上に野球に深く食い込んでしまったために野球の毒性に当たってしまった部分もあったのではないか。

実は竹内は、そもそもは馬淵の方から頼んできたのだと明かしていた。

「仕事がきつくてたまらんので、どこか野球の指導者の口を探しているんやけどって相談されたんですよ」

僕はこの証言を、半分は年配者の見栄《みえ》、そして残りの半分は、それほど直接的ではないにせよ、そうとも受け取れるセリフをこぼしたこともあったのかなという風に受け止めている。


馬淵はぎこちない口調で妻との馴《な》れ初《そ》めを語った。

「明徳へきた年にね、お前ここへ座っとけいうて、与えられた席の前がたまたま女房の席やったんです。それで仲良うなって、校長も結婚せい言うことやったんで、すぐ結婚したんですがね。まあそんなとこですよ」

要は馬淵の一目惚《ぼ》れだった。

明徳にきた翌年、一九八八年七月、馬淵は身を固めた。相手は六つ年下の英語教師、智子《ともこ》だった。

阿部企業時代の同僚、宮岡清治《みやおかせいじ》は目を丸くして話す。宮岡は二〇〇五年夏まで明徳の部長も務めていた。

「俺、びっくりしたもん。結婚なんてするような人じゃないと思ってたから。野球ひと筋だと。阿部企業の人らはみんな言うてたよ。『うっそー！』って」

「飲む、打つ、買う」は男の甲斐性《かいしょう》というが、馬淵からは「打つ」の臭いがすることがあっても、「飲む、買う」の臭いが漂ってくることはほとんどなかった。酒も飲むことは飲むが、すぐに赤ら顔になるし、いつでも酒量をコントロールしていた。

「酒を飲みたくてたまらんようになったことは生まれてから一度もない。ノンアルコールビールでも酔うぐらいやから」

ただ、そのぶん三つに分散するはずのエネルギーが「打つ」ひとつに集中しているということは言えるかもしれない。勝負事。つまりは野球だ。

智子は馬淵の自分との「相違」に惹《ひ》かれたのだと話す。

「野球の情熱いうんが、ものすごい人だなと思ったんです。自分にはないもんを持ってるひとだなと」

結婚後、馬淵が新居に持ち込んだ物のエピソードがおもしろかった。

「14インチぐらいのテレビと、腐ったような布団と、コタツと、それだけやった。俺の財産、それしかなかったからな」

横でその話を聞いていた智子は「汚いミカン箱みたいのもあったなあ」と言い、控えめに笑った。

風来坊だった馬淵は、五つ目の就職先でようやく根を生やしていくことになった。結婚したその翌年に長男の烈《つよし》を、そのまた翌年には長女の宙美《ひろみ》を授かった。いずれも命名したのは馬淵だった。

烈は、母校の拓殖大のキャンパス内にある「烈士　脇光三《わきこうぞう》碑」という碑の「烈士」から一字とっている。拓殖大の一期生だった脇光三は日露戦争の際、二五歳という若さで国の特別任務を受けて中国へ渡った。だが任務の途中で敵に作戦が発覚、その後消息を断ったとされる人物である。司馬遼太郎《しばりょうたろう》の歴史小説はすべて読破するなど、歴史好きな馬淵は、そのあたりの戦史にも精通しており、「私の大先輩ですからね」と尊敬の念を抱いているのだ。その烈は明徳義塾高校三年生のとき、野球部でサードとピッチャーをこなし、主将も務めていた。

宙美は「永久（＝宇宙）の美」、そんな言葉をイメージして付けた名前だった。

馬淵がコーチに就任してから四年目の夏の大会が終わったあとのことだった。竹内が一身上の都合で監督を退くことになった。

阿部企業のときといい、このときといい、確かに巡り合わせがいい。私学などは教師の異動がないため、どこの高校の野球部も長期政権になりがちだ。そのためコーチ歴二〇年なんていう人もざらにいる。そんな世界で馬淵は明徳でも予期せぬ事態によって早々に監督のお鉢が回ってきた。

そして翌年、九一年夏には早くも甲子園に出場させている。

一五歳のとき、三瓶高校時代に、同級生に笑われながらも背中に黒マジックで書いた「甲子園」という夢。それが三五歳になり、ちょうど二〇年の歳月を経てかなった。

だが馬淵は、「いくべくしていったんやから」、そう淡々と回想する。

「いけるもんだと思って引き受けたわけやしね。あれやな、ノンプロを経験してなかったらものすごい達成感があったかもしれんな。でも、もう明徳は四国でも敵なしやったしね」

四国で敵なしというのは大仰だが、その頃の明徳は県内では高知高校、高知商業と並び三強のうちのひとつに数えられ、四国でも十本の指には入る強豪になっていた。能力の高い選手も集まり始めており、監督を引き受けたときすでに九人ものプロ野球選手を輩出していた。校内には高知県のメイン球場となっている春野《はるの》球場を模した専用球場もあった。山を切り開いてつくったため二億五〇〇〇万円もの費用がかかっている。さらには練習時間もたっぷりあった。

それに比べると、新興チームだった阿部企業はそのまったく逆だった。学生時代に実績のある選手など一人もいなかった。おまけに監督は未熟者。専用グラウンドはなし。労働が苛酷だったため練習は一日三時間もできればいい方だった。そんなないない尽くしチームを、就任わずか四年目にして社会人野球における最高峰の舞台、都市対抗に導いた。しかもそこで八強入りを果たしている。

そのときの苦労を思えば、明徳で甲子園に出場することなどわけないと思ってしまったのも道理だった。阿部企業が麓からの登頂だったとするならば、明徳では七合目か八合目ぐらいまでヘリコプターで連れていってもらってそこから登頂したようなものだ。

そんなこともあって、このとき馬淵はまだ気づいていなかった。高校野球界の標高に。傾斜の厳しさに。

「あの頃はみそ汁があがっとったね。『みそ汁があがる』っていうのは、愛媛の言葉でのぼせるっていう意味なんやけど。若かったしね。明徳の監督になったのが三四歳のときでしょう。高校野球なんて簡単だと思ってたからね」

馬淵にとって初めての甲子園は、明徳にとっては通算六度目の甲子園だった。ただし一度、「センバツ当確」と言われながらもその推薦を辞退したことがある。

野球部の歴史は、一九七六年、高校の創立とともにスタートしている。馬淵がちょうど大学二年生だったときだ。そして創部七年目、八二年春に甲子園に初めて出場すると、以降、三年連続で選抜大会の代表に選ばれた。

初出場こそ二回戦止まりだったが、二度目はベスト4、三度目はベスト8まで進出した。選抜大会への推薦を辞退したのは、このベスト8の翌年の冬のことだった。

一九八五年一月、当時の野球部部長が「売春防止法」および「高知県青少年保護育成条例」違反の疑いで逮捕されてしまったのだ。

おおよそこんな内容の事件だった。

野球の名門である駒澤《こまざわ》大学の監督が明徳を訪れた。その際、部長が接待の一環として二〇歳未満の女性を監督が宿泊しているホテルの部屋に送り届けた。ただ、監督は一切手を出さずに帰したという。そのため駒澤大の監督は無罪放免。明徳サイドのみが罰せられた。

当時を知る明徳関係者にこのときのことをさらりと尋ねたことがある。「結局うちが泥をかぶる形になったんだ」とこぼしていた。明徳には明徳の言い分があったようだ。

二〇〇七年春、高校野球における特待生問題が世間を賑《にぎ》わせた。明徳は当時から経済的支援を目的とした特待生制度を採用していた。一方、星稜はこののちしばらくしてから野球部員を対象とした特待生制度を導入している。そのため、そのときの調査では、明徳はセーフだが、星稜は日本学生野球憲章に抵触するとして処分を受けた。

将来有望な選手を獲得するためには勧誘の際、そうした制度と、もう一つ、「うちで活躍すればこんないい大学にも入れます」という口説き文句が不可欠になる。そのため高校サイドは有名大学の監督に様々な手を使って取り入ろうとするのだ。

この事件は、明徳が創部当初、野球部を強化するためにいかに無理をしていたかということを何よりも雄弁に物語っていた。

馬淵が甲子園で初采配を振ったのは、その事件から六年後のことでもあった。

一九九一年夏、「馬淵明徳」の記念すべき甲子園初戦は、市立岐阜商に6—0と快勝。だが二回戦で早くも沖縄水産に5—6で敗れた。

馬淵は高校野球の標高を読み違えていたことに気づく。

甲子園から戻ってくると馬淵は豹変《ひょうへん》した。星稜戦のとき三年生だった選手たちの二年夏のことである。

そもそも前監督の竹内は通常の練習に加え、朝練、夜間と、一日中やるタイプだった。だが馬淵は監督に就任した当初、そのスタイルを一変させていた。

その頃、まだ入部したばかりだった河野和洋も「第一印象、いい人やなと思ったんですよ」と回顧する。

「オレは練習は嫌いやからアホみたいな練習はせえへん。合理的な練習をするって。練習も最初は三、四時間だった。二時間ぐらいで終わったりしたこともあったかな。うわあ、ええ監督になったなあって」

阿部企業時代、専用球場で一日中練習している名門にも平均三時間の練習で十分対抗できた。練習はたくさんやればいいというものではない。この改革の裏にはそんな成功体験があった。主砲だった岡村憲二も言う。

「練習中に音楽をかけてくれたり、僕ら『シャカシャカ』って呼ぶんですけど、ウインドブレーカーのような上着を着せてもらったり。その頃の高校生は、そういうの、まだあんまり着てなかったんですよ。社会人出身の監督ってこういうもんなんやって。自由な感じで、最初はいい感じでしたね」

しかし社会人野球のスタイルは高校野球では通用しなかった。馬淵は甲子園出場を目標にしていたのではない。あくまで全国の頂点を目指していた。

「うちは甲子園で優勝しなかったら負けやと思ってるからね」

まずは練習時間が見直された。それまで三、四時間だった練習時間は、一気に七、八時間まで増えた。

平日は午後一時半から六時まで練習し、休憩を挟み、また七時過ぎから一〇時前後までやった。休みは月に一回あればいい方だった。再び河野が語る。

「新チームになった途端、『日本一の練習やるぞ！』って。濃さも、量も、日本一やと。

そっからですよ、むちゃくちゃになったのは。これは人間がやっていいことなのかなと。『わしがええ言うまで走れ！』とかね。普通の人間なら三〇分か一時間ぐらいで、ええぞって言うでしょう。でも、馬淵さん、二時間、三時間は平気ですから。なんであんなに急に変わっちゃったんですかね。講演とかよく聞きに行ってたんで、そこでなんか刺激的な話でも聞いちゃったんですかね」

馬淵の言い分はこうだった。

「やらないかんと思い始めたんよ。最初は技術論ばかり言ってた。でも高校野球は精神的なものが占める割合が大きいんだなと。高校生は駒のように考えても駒にならない。ワンポイントのつもりでリリーフに出しても、あっさり打たれちゃったり。ノンプロだったら、だいたい計算できる。緊張して我を失っちゃうなんてことはないですからね。高校生に精神的なものを伝えるためにはどうすればいいか。それには、やっぱりナンセンスと言われるようなこともあえてやっていこうと思ってね。あの頃は、しょっちゅう夜中まで練習したりしとったもんなあ」

高校生は計算できない——。

特に大学や社会人の監督経験がある指導者ほど顕著だが、高校野球の監督はたいていこの壁にぶつかる。体や技術以上に精神の未熟さに悩まされるのだ。

そして、その未熟さを補うために多くの指導者が取ってきた方法が常軌を逸した練習を課し、自分たちはこれだけやったのだからできるはずだと錯覚させることだった。それが近道なのかどうかはわからない。だが、一定の成果を上げてきたことも事実だ。明徳の場合もそうだった。

当時二塁手で、二〇〇七年春まで明徳のコーチを務めていた重兼知之《しげかねともゆき》は語っている。

「絶対無理だって、普通はありえないって思うものをやってしまったら、人間、変な自信が生まれますからね」

一九九一年夏に発足した明徳の新チームは、こうして星稜戦を迎えるまでの一年間、質、量ともに自称「日本一の練習」を積んでいくことになる。

彼らが「辛かった練習」として真っ先に挙げるのは「ベーラン一一〇周」だった。

二年秋、真夏のように暑い日のことだった。その日の練習試合は、一点取られるごとにベースランニング（内野を一周する）一〇周、負けたらそれプラス三〇周というペナルティが課せられることになっていた。

結果、二試合やって一勝一敗。失点は計八点だった。よって一一〇周になったのだ。

途中、二人の選手がトイレにいったまま戻らなくなってしまった。三塁手だった久岡《ひさおか》一茂《かずしげ》と、ライトの広畑国昭《ひろはたくにあき》だった。主砲だった岡村が回想する。

「走り終わってからようやく気づいたんです。久岡は、泡、吹いてましたからね。あれはびびりましたよ。馬淵さんが、『木ぃー持ってこい！　木ぃー！』って。木を噛《か》ませて二リットルのペットボトルの水、どぼどぼ流し込んだんです」

脱水症状だった。馬淵はその話に触れるとき、決まって顔の力が一気に抜ける。

「俺は、運がいいよ……。久岡を見たとき、俺は殺したと思ったからな」

またこの頃、名物だったのが「半平太《はんぺいた》」と呼ばれる約一二キロのロードワークだった。グラウンドから約六キロ離れた地点、横浪スカイライン沿いに武市《たけち》半平太の銅像がある。武市は土佐が生んだ幕末の英雄のひとりだ。そこまで行って、また戻ってくるのだ。

制限時間は一時間一〇分。実際には一度しかそういうことはなかったそうだが、一人でも間に合わなかったら全員がもう一往復、走り直さなければならなかった。

これらの苛酷きわまりないメニューには、馬淵なりの計算がなかったわけでもない。

「強いチームには必ず『神話』の世界っていうのがあるじゃないですか。俺らはこれだけやったんだっていう」

拠《よ》り所《どころ》。馬淵が与えたかったのは、未熟な精神が寄りかかれる場所だった。

「それとね、俺の持論としてね、あの頃は、頬がこけて目だけが光ってるようなやつの方が絶対に勝負強いというのがあった。ボクサーのようなね。だから長距離やらせ過ぎて、やせ細っとったんよ。でも野球に持久力は必要ない。短距離系の無酸素運動をやって筋肉をつけていかないと。それには栄養と休息が不可欠。今考えればあの頃は遠回りしてたね。指導者の自己満足でやってた面があった」

現在の馬淵はこの時代のような「神話」づくりのための練習はしていない。練習時間も一日あたり約四時間に減り、下半身のトレーニングも短距離中心のメニューに切り替えている。

「やり過ぎなくなったのは、いい素材が集まり出したというのもあるかもしれませんね。変わるもんなんですよ、監督ってのは。殴ったりするようなことも、もうないもん。河野らんときは練習量はもちろん、ボコボコやったから。力で抑えてたからね。選手も直立不動よ。カリスマやったね、あの頃は」

ただ、星稜戦当時、一年生で唯一メンバーに入っていたレフトの加用貴彦《かようたかひこ》は証言する。

「あの代は、いちばん怒られなかった世代だと思いますよ。あの代と監督の絆《きずな》を超える代なんて、他にないでしょう。監督は相当好きですもん、あの代のこと。好きとは言わないですよ。でも話し方でわかる。雰囲気とか」

二〇〇二年、日本一になったときのパーティーでは、馬淵の周りの席はあの代の選手で固められていた。

第三章　前夜

バルセロナ五輪の閉幕を待ってから開催されたため、一九九二年夏の甲子園は、いつもよりやや遅い八月一〇日の開幕となった。七四回目を数えた同大会は、「松井のための大会」、そう言っても過言ではなかった。

ＰＬ学園の清原和博《きよはらかずひろ》が高校を卒業してから六年――。久々の圧倒的な存在感を放つホームランバッターの出現に、多くの野球ファンが胸をふくらませていた。

松井秀喜には、身長一八五センチ、体重八五キロという数字だけでは測れないスケール感があった。四国では大型スラッガーとして一年生のときから注目を集めていた明徳の主砲、岡村憲二（当時、身長一七九センチ、体重七五キロ）でさえこう話す。試合中、岡村は一塁手として何度となく松井と隣り合っていた。

「化けモンかと思いましたよ。根本的に体が違うと思いましたね。身長だけじゃない。骨組みが違った」

当時、星稜高校の付属である星稜中学の監督で、のちに石川・遊学館《ゆうがくかん》高校の監督を務めた山本雅弘《やまもとまさひろ》も似たような話をしていたことがある。星稜中は松井がいた根上《ねあがり》中と合同練習などを通して交流があった。

「彼の何がすごいって、手の分厚さですよ。あんなすごい手、見たことない。骨の太さが違うんでしょうね。だからあれほど練習をやっても潰れない。彼のいちばんの才能はどれだけ練習しても壊れない体ですよ。僕も今では選手のどこを見るって、まず手を見る。手の分厚い選手はきっと体も丈夫に違いないと」

松井の筋骨は「高校生離れ」どころか「日本人離れ」していた。そんな肉体から弾《はじ》かれる打球も規格外だった。

星稜はその年の春も甲子園に出場しており、松井は三試合で三本の本塁打をかっ飛ばしている。その大会から甲子園名物のラッキーゾーン（本塁打が出やすいようにフェンスの数メートル前に金網を設置していた）が撤去されていたにもかかわらず、である。

実際にそのせいで前年は一八本だった大会の通算本塁打数が、この大会は七本と激減していた。それだけにその三発は今までにないインパクト、そして価値があった。「ゴジラ」というニックネームが紙面に登場したのもこの頃のことだ。それらの出来事が重なり、ここから松井の怪物伝説は急加速することになる。

星稜のライトで、明徳戦では七番を打っていた奥成悟《おくなりさとる》は、その後の松井人気の異常な高騰ぶりを熱っぽく語っていた。

「センバツが終わってから、夏までにいろんなところに招待試合に行ったんですけど、本当にすごかった。福井県の若狭《わかさ》高校に行ったときなんか、町民全員来てたんじゃないですか。普通の校庭なんですけど、ぐわ〜って周り全部囲んでるんですよ。それでまた、行く先々であいつが必ずガーンて打つんですよ」

奥成はため息と一緒にこうつぶやいた。

「そら、人気出ますよ」

開幕の二日前の八日に行われた抽選会。星稜は、「第二日・第四試合」のクジを引いていた。相手は新潟代表の長岡向陵《ながおかこうりょう》だった。

一方の明徳は「第七日・第三試合」。四九代表校のうち、いちばん最後に登場することになった。初日の第一試合と並び、もっとも嫌われるクジだった。

本番までの待ち時間が長いということだけではない。代表校が奇数なため、そこだけ対戦チームが未定なのだ。相手校の欄には「第二日・第四試合の勝者」と書かれていた。つまり、星稜―長岡向陵の勝者と当たることになっていた。

日程が確定した瞬間、馬淵史郎はおでこを指でさすりながら絵に描いたような苦笑いを浮かべていた。

「最悪やあー、って。相手どうのこうのより、まずは七日目第三試合よ。ほとんど負けてるやろ、あそこを引いたチームは。こっちは初戦、相手は二試合目ってのはなんぼ相手が弱くても嫌なもんよ。でもこうなったらええ方に考えようと思ってね。そのぶん、ゆっくりと偵察できるんやしと」

抽選後、数名の記者はすでに星稜が勝つと見込んで、馬淵に松井対策をしつこく聞いてきた。馬淵はあっさりと返していた。

「そんな打つんなら、敬遠したらええんよ」

その日の午後、明徳は尼崎《あまがさき》市記念公園野球場で一時間半の練習を行っている。そのときすでに選手にも伝えていた。直接関わってくる話だっただけに、捕手の青木貞敏の記憶は他の選手よりもはっきりとしていた。

「練習にいって、体操してたときですよ。『全部敬遠するぞ』って。抽選の日に言っていたということは間違いない」

だが、遊撃手だった主将の筒井健一《つついけんいち》はこれに多少の補足と修正を加える。

「僕の記憶だと抽選の日の、夜のミーティングなんですけどね。それとそのときは敬遠とは言ってなかった。『松井抜きで考えるから』って。もちろん僕はすぐにわかりましたよ。あ、敬遠なんやなと。ただ、うちら選手はほとんど情報がなかったんで、『松井かあ……』、ぐらいにしか思ってなかったんですけどね」

当時の明徳は極端に情報が少なかった。情報源は、野球部で購読していた高知新聞一部と、週一日、土曜日に二時間だけ観ることが許されていたテレビだけだった。新聞は最上級生の特権として三年生しか読むことができなかった。ラジオや音楽を聴くことも禁止。本の類《たぐい》も小説などの堅い本や、高校野球関連の雑誌しか手にすることができなかった。世間一般と温度差が生まれるのは必然だった。

馬淵の頭の中でも松井に対する印象はまだ漠然としたものでしかなかった。だが日を追うごとに暫定的に出していた敬遠という結論が、動かし難いものであることがわかってきた。

大会二日目の一一日。明徳の一団は三塁側のベンチの上に陣取り、星稜―長岡向陵の試合を観戦した。第四試合だったこのカードは午後四時二八分と試合開始が遅れたこともあり、終盤からはナイターになっていた。

その試合で松井は明徳ナインの度肝を抜く。五回裏に回ってきた第三打席。松井は右中間を真っ二つに割る三塁打を放ち、二人の走者をかえした。

筒井の声がオクターブ上がる。

「スイング、見えなかったんですよ。素人が見えんというのとはわけが違うんですよ。ずっと野球やってきた僕らが見えんのですよ。同じ年の子のスイングを見て、そんな風に思ったんはあれが初めてでしたね。こいつはヤバイと」

誰もがあきれたように振り返っていた。唯一、一年生でメンバー入りしていた加用貴彦も同様だ。

「どこどこ？　って言ってたら、もうフェンスにボールがついてた。うそでしょ、って」

そんな中、馬淵は驚愕《きょうがく》しながらも冷静にゲームプランを練っていた。

「なんかね……これはすごいわい、というか、オーラがあったわな。松井だけは。それと山口《やまぐち》がよかったんよ。左のピッチャーの」

星稜のエース、山口哲治《てつじ》はこの試合、七回2アウトまでノーヒットノーラン。最終的に、三安打完封のほぼ完璧な投球を披露していた。

「あれだけキレのある真っ直ぐと変化球を持ってるピッチャーはうちの打線でもよう打たんのやないかと思った。これは、勝つためには競《せ》り（合い）に持って行くしかない。そのためには松井に一発を打たせたら終わりやと。だから最初から四本シングル打たれたと思って歩かせて、取れるやつを取ろうと。俺はそんときは五打席も回るとは考えてなかったんよね。四打席やと思ってた」

結局、星稜はこの試合、長岡向陵に11―0と圧勝する。と同時に、五日後に明徳との対戦が決定した。翌日、馬淵は星稜の練習会場となっていた神戸製鋼のグラウンドにも偵察のために訪れている。そして改めて腹をくくった。

「あれにアルミ（バット）を持たせたらピッチャー危ないと思ったよ。フフフ。打ち損ねたって柵越えやもん。松井も危ないからって力抜いて打っとる感じやった。その頃からパワーはノンプロレベルなんてもんじゃなかった。だって、アルミから木に変わって、一年目からジャイアンツのクリーンナップ打つんやから。そんな高校生、何人おるよ。一〇年に一人もおらんやろ」

松井秀喜が誕生したのは、一九七四年六月一二日である。生まれ故郷は、元総理・森《もり》喜朗《よしろう》の出身地としても知られる石川県の根上町（現能美《のみ》市）。最寄りの寺井駅（現能美根上駅）は金沢から電車で三〇分ちょっと。日本海に面した人口一万五〇〇〇人ほどの町だ。

七四年——馬淵が大阪商大に入学したものの、家庭の経済的事情ですぐに退学し、浪人生活を送っていた年。もう少し運命的な言い方をすれば、「ミスタープロ野球」こと長嶋茂雄《ながしましげお》が巨人を引退した年でもあった。結果的に、ひとつの巨星が消え、新たな巨星が誕生していたわけだ。そしてこの縁には続きがある。一八年後のドラフト会議の抽選で、その長嶋が松井を引き当てることになるのだ。

松井が本格的に野球を始めたのは、浜小学校の五年生のとき、地元の「根上少年野球クラブ」に入団してからだ。以前から四つ上の兄らと遊びで野球に興じていたものの、柔道クラブに入っていたことなどもあり、通常の野球少年よりちょっと遅い入団になった。

　当時の松井は、今の隆々とした体型からは想像がつかないぐらいにむっちりとしていた。そのため与えられたポジションは捕手だった。野球のスタートが遅かったせいか、少年時代における逸話の類は他の一流のプロ野球選手と比べるとあまり残っていない。

　根上中時代、町役場に勤務する傍らコーチを務めていた高桑充裕《たかくわみつひろ》の松井に対する第一印象も手厳しいものだった。

「パッと見てデブだったんで、ああ、うわさだけやなと。それで終わりでしたね」

　中学校入学当時、松井は身長一七二センチながら体重が九〇キロ前後もあった。また捕手の割に、さほど肩がよかったわけでもない。

「その代の子どもの中では強い方でしたけど、自分の感覚でいえばまあまあ。だから、この体ならキャッチャーしかできんわなという感じでした」

　高桑も根上中、星稜で野球部に入っていた。松井の一一年先輩にあたる。星稜時代は三度、甲子園の土を踏んだ。七九年夏、今なお語り継がれている箕島《みのしま》との延長一八回、あの試合でも一年生ながら内野の控えとしてベンチ入りしていた。高校卒業後は駒澤大に進学。大学二年のときに腰を痛めてからは思うようにプレーできなくなってしまったが、エリートといって遜色《そんしょく》のない野球歴の持ち主である。

　ところが、四月下旬、初めて一年生に打撃練習をさせたとき、高桑の松井への見方が一変する。

「おっ！　と。打球の速さと、スイングの速さ。この二つにびっくりしたんです。打球の速さは三年生クラス。スイングスピードはそれ以上かなと思いました。これは野球ができる体になったら化けるかなと思いましたね」

翌日から松井には投手陣と同じ練習メニューが課せられた。ほとんどがランニング系だった。

夏になり、三年生が引退すると、松井は一年生で唯一、レギュラーとして抜擢される。振り出しは、「六番・捕手」だった。

松井は順調に階段を上っていく。二年生になる頃には体重はほとんど変わらぬまま身長だけ一八〇センチまで伸びていた。打順も五番、四番とひとつずつ上がっていき、二年夏からは投手も務めるようになった。その二年夏、根上中は県大会を制する。続く一〇の県の代表校が集まった中部日本地区大会では準優勝を果たした。

高桑が往時の松井を懐かしむ。

「中心選手になってからの松井の手は本当にすごかったですよ。血まめで真っ黒になって。彼のバットのグリップも血でドロドロなんです。痛かったらやらなくてもいいぞ、って言っても、自分が納得するまでは絶対にやめないんですよ」

高桑が「こいつは絶対すごい選手になる」と感じたのはこんなときだった。松井の猛練習ぶりを見るに見かねた高桑が言った。

「血が出てるじゃないか。手を見せてみろ」

すると松井は何を思ったか、手に土をこすりつけ始めた。

「それから手を出して、ほら、血なんて出てないでしょう、ってやったんです。バットも血で汚くなるとバットケースに入れないでどっかに隠しちゃう。自分の弱さは絶対に見せない子でしたね」

そして三年生になった頃、高桑は、将来は間違いなく野球で飯が食っていける、そう確信するようになった。

「大学時代、サードを守っていたときに、明治《めいじ》大学の広沢《ひろさわ》さん（克実《かつみ》＝元阪神）の打球を見て初めて打球が怖いと思ったんです。カーンという音と同時に打球がくるような感じで。その広沢さんと松井がだぶって見えましたからね」

そんな松井の怪力は、軟球が次々に「割れる」という珍現象を引き起こした。

見た目は変わらないのだが、二重構造になっているゴムの内側の部分が剝離してしまうのだ。割れた軟球は、打ったとき「ベコッ」と変な音がする。それまでも、ときどきそういうことがあった。だがこの頃になると新しいボールを出しても、すぐにどれも割れてしまう。不審に思った高桑は何度かボールメーカーの人を呼び、原因を尋ねている。それでも何度調べてもらっても品質に異常はなかった。それでようやくある一年生が気づいた。「松井さんが打つとそうなるみたいです」と。

高桑が予感した通り、心身ともにたくましくなった松井は大化けしつつあった。

高桑は、まわりくどいところが一切ない人物だった。指導者の道は退いているものの、度の強そうなメガネの奥の瞳は据わっていて、言葉に質量感があった。こんなことも平然と話す。

「一〇〇〇発ぐらいは、らくーにいってるでしょ。一発で済むなんてこと、まずなかったですからね」

三年間で松井に手をあげた回数のことだ。今では絶対に許されないことだが、この頃は、時代がまだ体罰に対して「寛容」だった。

「普通、殴ろうとすると子どもは反射的に顔を背けるんですよ。そうすると耳に当たって鼓膜が破けたりする。だからいつもあごのあたりをねらうんです。そうすると、ちょうど頬のあたりにいく。それが松井の場合、初めてのとき、避《よ》けなかったんです。だからあごの先を指先が掠《かす》っただけのようになった。それでこっちもムカーッときてね。三、四発で勘弁してやろうと思ったんですけど、五、六発になった」

殴られると、たいていの選手は涙ぐむかうつむくかした。ところが松井だけは違った。殴られるとパッと顔を正面に戻す。殴られても、殴られても、戻す。そして高桑のことをにらみつけるのだ。

「負けないぞ、っていう感じですよね。最初の頃はまだよかったんですけど、中学三年ぐらいになったら怖かった。反対に襲われたらどうなるんやろ、って。たぶん負けるやろうなと。その頃は体格も、体力も、僕より上でしたからね。約一〇年間指導者をやって、そんな恐怖感を覚えたのは彼だけでしたね」

この頃の松井の風格を表すこんなエピソードがある。石川県内の加賀《かが》高校の監督を務めていた高鍬稔久《たかくわとしひさ》に聞いた話だ。高桑と同姓だが、こちらのクワは「鍬」と書く。

その当時、高鍬は根上中のすぐ近くの寺井高校という中堅どころのチームの監督だった。松井のプレーをひと目見ようと、根上中の試合会場に足を運んだときのことだ。前方からくる根上中の一団を見て、若い先生らしき人物がいたのでとりあえず頭を下げておいた。試合になってみたら、それが松井だったのだ。

「相当大きいなんてもんじゃなかったですからね。ひとりだけ、ごぼぉーって感じですよ。もうミニラじゃない、ゴジラの一歩手前という感じでしたね」

試合後、その衝撃は、より深く、大きくなっていた。

「プレーはほとんど覚えてないんです。けど、あれだけの存在感を見せつけられたらねえ……。体だけやったら、同じくらいの子、いるんでしょうけどね。ほとばしるというかね、いつ何どき大爆発するかわからない活火山のようなというか。理論や理屈じゃない、とんでもない雰囲気がありましたよ」

根上中を卒業した松井は、高桑の勧めもあって野球の名門、星稜に進む。

星稜の監督だった山下智茂《ともしげ》は、教え子である高桑が松井を初めてグラウンドに連れてきたとき、松井の打撃練習を見て何度も「おおお」と感嘆の声を上げたという。高桑が感慨深げに述懐する。

「その声を聞いたとき、熱いものがありましたね。やっと恩返しができたと。現役時代は、お褒めの言葉なんて、もらったことはなかったですから」

松井の未来は、こうして高桑から山下の手にバトンタッチされた。


数年前までは、石川県内の腕に覚えのある中学生は二強と称される星稜か金沢《かなざわ》高校を選択した。いずれも私学で、全国的にも有名な強豪だ。遊学館という「第三の強豪」が台頭してきたのは二〇〇〇年代に入ってからのことだ。

金沢高校も当然、松井に目をつけていた。当時部長で、のちに監督を務めることになる浅井純哉《あさいじゅんや》が根上中に電話をかけ「松井君の進路について話を聞きに行きたい」と申し出た。だが、取り付く島もなかった。

「『星稜でほぼ決まっているので、本人が迷うだけだからこないで欲しい』と言われまして。まあ、何が何でもという感じでもなかったので、それならそれでいいと思ったんです。でも、あんなすごいバッターになるとはねえ……」

松井は星稜に入学するやいなや四番が指定席になった。先輩と比較しても、その力量はもはや段違いだった。

しかしそんな松井にも敵がいなかったわけではない。当時、県内には「松井キラー」と呼ばれている好投手がいた。

松井がいた頃に限っていえば、星稜の最大のライバルは金沢ではなく、地元で「シリコウ」の愛称で親しまれている金沢市立工業だった。ずいぶん前だが甲子園にも二度出場している。星稜と金沢の二強には大きく水をあけられていたものの、県内では常に二番手集団に位置する高校だ。

松井の在学中、星稜にもっとも相性がよかったのがその金沢市工のエース岸秀幸《ひでゆき》だった。県内の公式戦で四度対戦し一勝しかできなかったが、三敗のうち二試合も一点差の接戦に持ち込んでいる。

松井・一年秋（決勝）　●1—2　※延長一〇回
松井・二年夏（準々決勝）　●3—4　※延長一六回
松井・三年春（準決勝）　○3—2
松井・三年夏（決勝）　●0—6

松井が四番に座っていた頃の星稜は、県内では三敗しかしていない。松井が一年生のときに金沢から喫した二敗と、三年春の金沢市工からの一敗だ。

岸は身長一六七センチ、体重六八キロと小柄なサウスポーだった。ただし、監督の西《さい》東直人《とうなおと》は「制球力だけなら全国でも通用した」と回顧する。

「高野連（日本高等学校野球連盟）の偉い方が岸を見て、これなら星稜を抑えるのもわかる、って言ってくれたことがありましたね。フォームでいえば巨人の工藤《くどう》（公康《きみやす》＝元西武）に似ていました。体型も同じようにずんぐりむっくりで、顔もなんとなく似てるんです。あの頃、うちはアイツしかいなかったんですけどね」

球速は一三〇キロ前後。変化球はカーブとスライダーの二種類（右打者にはスクリューボールも投げていた）。それでも岸自身は「松井に打たれた記憶はほとんどないですね」と穏やかな口調で思い返す。

「あそこに投げたら打たれないなんてことは、どの打者でもありえない。僕の場合は、左対左ということもあって松井が打ち損じることが多かったんです。ただ、ひとつだけ意識していたのは、外の速い球だけは投げないでおこうということでした」

外の真っ直ぐをレフトスタンドへ放り込む松井——。石川県内では何度となく繰り返されていたシーンだった。

そのため外は投げるとしてもカーブなどの緩い球に限定した。体に近い球ほど速く、体から遠い球ほど緩くというのが基本線だった。そうやってタイミングを外していた。

しかし、そんな岸の中でも松井の存在感は年を追うごとに大きくなっていた。

「一年のときは強打者という感じ。二年は思いっきりチームの中心。三年のときは周りからしたらワンマンに見えたんじゃないですか。一、二年生の頃はアウトコースの変化球だけでも抑えられたんですけど、最後の夏はもうインローの真っ直ぐばっかりでした」

対松井に自信を持っていた岸は「敬遠は二年生のときに一回しただけ」と振り返る。ただ、「未遂」ということでいえばもうひとつあった。

三年夏、四度目の対戦のときのことだ。金沢市工は決勝で星稜とぶつかった。伝令役の選手を通してベンチから「敬遠」の指示が出たのは五回裏のことだった。

2アウト二塁。打席には松井を迎えていた。すでに金沢市工は0―2と星稜に二点のリードを許しており、追加点は絶対に防がないといけない場面だった。岸の回想だ。

「伝令のやつが『監督が敬遠せえって言ってます』と。でも、そのとき、伝令がマウンドにたどりつく前に、セカンドのやつが『勝負やぞ！』って言ってましたからね。他のやつもそれに呼応するように、勝負！　勝負！　って。あいつらの中に敬遠の選択肢はなかった。僕は何も言わなかったですけど、気持ちの中では同じでしたよ」

セカンドの選手を始め、他の選手は感情的に受け入れることができなかったのだ。ただ、岸の中にはこんな計算があった。

「二回裏にエラーがらみで二失点したとき、もう勝負あったなという感じだったんです。うちの打線にあの山口から二点以上も取る力はない。だったら、と思ったんです。敬遠して無失点でも流れは変わらない。でも真っ向勝負して抑えればひょっとしたら流れがくるかもしれない、と。だから、あのとき、一点差か二点差でうちが勝っていたら、間違いなく敬遠していたと思います」

いくら得意にしていたとはいえ、この頃の松井は次第に自分の手に負えなくなりつつあることも確かだった。実際に、このとき、松井と勝負した岸はインサイドの真っ直ぐを一、二塁間に弾き返され、3―0とリードを広げられてしまった。

その当時、金沢の監督だった樺木義則《かばきよしのり》は、このときの話を後日、金沢市工の監督の西東から打ち明けられたと話す。樺木は母校である金沢に赴任する前、神奈川の武相《ぶそう》高校、東京の修徳《しゅうとく》高校でも監督経験があり、いずれの高校でも甲子園に導いていた。

「敬遠しろって言ったら嫌だって言われたって。そこだね、って言ったんです。甲子園に行けるチームと行けないチームの差は。監督がやれと言ったら黙ってそれをやることのできるチームじゃないと甲子園には行けませんよ」

「松井キラー」だった岸は、高校卒業後もアマチュアの第一線で活躍し続けた。福井工大に進学し、一年の時からエースとなった。二年夏には全国ベスト4入りを果たし、和《わ》田一浩《だかずひろ》（東北福祉大―中日）や今岡誠（東洋大―千葉ロッテ）らとともに学生の日本代表にも選ばれている。NTT北陸に就職した後も、廃部になるまでの三年間で、補強選手として都市対抗に三年連続で出場した。

ところで、松井への「五敬遠」を考える上で、ひとつ大きな疑問があった。

明徳が薄氷を踏みながらも勝利を手にしたとき、「敬遠したのだから勝って当たり前」、少なからずそんな空気があった。だったら、どうしてそれまでに同じようなチームが出てこなかったのか。

逃げたくなかったから――。松井に勝負を挑んだチームはそう言うかもしれない。しかしそれはあまりにも現実感に乏しい。その疑問に説得力のある答えを出してくれたのが金沢市工の監督の西東だった。

「当時の県内のチームと、星稜の差はこんなにありましたもん」、そう言って両腕をいっぱいに広げた。

「どだいね、これだけ離れているわけですから、松井を敬遠したところで……というのがあったんだと思いますよ。うちもね、なぜ歩かせなかったかといえば、岸が左投手でしたから、松井を歩かせても後の月岩ら右打者をどう抑えるかというのもあったんですよ」

岸にその話をするとうなずいていた。

「僕の場合、いちばん苦手にしていたのは月岩。松井とは逆に、彼には打たれた記憶しかない。あの頃、松井と月岩、どちらかを選べと言われれば、僕は松井との勝負を選んでいたでしょうね」

どのチームも「逃げるのが嫌だから」というヒロイックな理由だけで松井に勝負を挑んだのではあるまい。

明徳などの全国レベルのチームからしたら星稜は山口と松井二人のチームに映った。だが、それ以下のチームにとっては、五番も、六番も、それこそ確実に打ち取れる打者など一人もいなかった。松井を無条件で一塁に歩かせても、メリットは何もなかったのだ。また相手は「横綱」だ。同じ負けるのであれば、せめて正攻法でぶつかりたい、そう考えるのが人情というものだ。

松井の三年夏のことだ。石川県大会の準々決勝で、小松《こまつ》商業は松井に満塁ホームランを許すなど0―11で五回コールド負けした。その翌日、朝日新聞の石川県版には小松商のエースのこんな記事が掲載された。

《「三年間磨いた直球を打たれたんだから仕方ない。四球なんか出したら、泣けないぐらい悔いを残したと思う」。目を赤くしながらも、気持ちは晴れていた》

「仕方ない」というのはわかる。だが「四球なんか出したら……」の部分はどうか。極端な解釈をすれば「押し出しよりも満塁ホームランの方がよかった」とさえ聞こえる。そんなはずはない。一失点よりも四失点の方がいいというのは。穿《うが》ち過ぎを承知で言うが、結局、松井を歩かせた上でさらに後の打者にも打たれるよりはましだった、そうどこかで安堵《あんど》してもいたのではないだろうか。

西東は県内ではと限定していたものの、「レベルがこれだけ離れている」という状況は北信越でも似たり寄ったりだった。

松井がいた二年半、星稜は四回も北信越大会まで駒を進めている。同大会は毎年、春と秋、二回開催しているので、二年半だとチャンスは計五回。逃したのは一度しかなかった。

そしてその四度の出場のうち、三度までも優勝している。つまり黒星は一つだけ。県内はもとより、新潟、富山、福井、長野を合わせた五県の中でも、星稜の力は頭ひとつ抜けていたのだ。星稜の悲劇の一端はここにもあった。そのため、リスクを冒してまで敬遠策をとってくるチームがなかったのだ。

あの夏の星稜の初戦の相手、新潟代表の長岡向陵もそうだった。「北信越史上最強」と言っても言い過ぎではないチームと、創立一〇年目を迎えたばかりの初出場の公立高校。長岡向陵を指揮していた小柳《こやなぎ》邦興《くにおき》も、松井を歩かせるという発想はほとんどなかったと話す。

「実は対戦が決まったとき、恩師の石山さん（建一《けんいち》＝早稲田大学元監督）と電話で話したんです。それで『勝ちたいんならアイツとは絶対勝負するな。アイツは今すぐにでも全日本の四番を打てるぐらいのヤツだ』と。ただ、走者を増やすってことはビッグイニングになりやすいんですよね。四点、五点入るイニングって、絶対四球がからんでる。うちと星稜の差は十分わかっていましたからね。うちはもうロースコアで勝つ以外なかった。そうなると方法論としては、松井君だろうが誰だろうが塁上にランナーをためるわけにはいかなかったんですよ」

接戦にするために松井との勝負を避けた明徳と、接戦にするために松井と勝負せざるをえなかった長岡向陵。この時点でチーム力に雲泥《うんでい》の差があった。

長岡向陵の右横手投げのエースはこの試合、状況的に敬遠させるような場面は訪れなかったということもあるが、小柳の当初の目論見《もくろみ》通り、全五打席、松井に立ち向かった。結果は四打数一安打。そして一つの四球。許した一安打が二点三塁打になってしまったが、松井との対戦は五分といってもいい内容だった。ただ計一七安打と、その他の打者に打たれ過ぎた。長岡向陵にとって星稜打線はやはり松井だけではなかったのだ。

それだけに小柳は見当違いな賞賛の声に当惑せざるをえなかったという。

「明徳戦のあと、おまえらはよく勝負したとか言われたんですけど……。よく勝負したと言われてもね」

勝負せざるを得なかった、それが小柳の偽らざる気持ちだった。

小柳だけではない。松井に勝負を挑んだチームのほとんどの指揮官が同じ思いだったのではないだろうか。

例外だったのは明徳と、あともう一チーム、帝京《ていきょう》だった。

実は松井は二年秋、明治神宮大会の決勝で、帝京から4四球を受けていた。うち二つは敬遠だった。このときの帝京のエースは三沢興一《こういち》（元中日）。翌春、全国制覇を成し遂げているほどのチームである。ただし、神宮大会の決勝では松井以外が奮起し、星稜は13―8と大勝している。

帝京の監督の前田《まえだ》三夫《みつお》は「松井君は突出してましたからね」と回想する。

「松井君さえ抑えられれば……って、誰だって思うじゃないですか。でも彼を意識し過ぎて後の打者にやられてしまった。敬遠するのも勇気がいるんですよ。逃げじゃない。観る人によっては逃げなのかもしれませんけど」

レベルの高いチームであればあるほど、「松井敬遠」という策にたどり着いたのだ。実行するしないは別にして。それはこの作戦がいかに高度であるかということの証左でもある。

だから、もし星稜が帝京や明徳のようなレベルのチームがひしめき合っている地域に属してさえいれば、と思わずにはいられない。あと何度か同じような敬遠策を経験し、ときに痛い目に遭うことで、対策を練り直す機会が与えられていたかもしれない。

守備と打線は全国クラス。ただ、投手力だけは若干落ちる。これが星稜戦を前にしての馬淵史郎の自チームへの評価だった。エース不在。このときのチームはこの課題を克服できないまま最後の夏を迎えてしまった。

エース番号はファーストで四番の岡村憲二が背負ってはいた。ただ、彼は真の意味での「1」番ではないばかりか、そのときヒジを痛めており長いイニングは放れなかった。

「このチームは本当は岡村をエースにしようと思ってたんよ。でもアイツは球は速いけど、ピッチャーの球じゃない。期待しとったほど伸びんかった。だから、大会中、わざとエースが怪我《けが》して投げられんって言っとったけど、あれは半分ホントで半分は嘘」

そのため登録選手一五人中、野手を兼任していた岡村と河野を含めると五人までもが投手だった。そんな中、馬淵は相手がどこになろうとも先発は河野に決めていた。

「夏の甲子園の初戦の段階で誰がエースかっていったら河野やった。でも所詮一二八キロのピッチャーやったからね、ヤンキースに入るようなバッターとは勝負できん。田辺（佑介《ゆうすけ》＝全国制覇したときのエース）や寺本（四郎＝元千葉ロッテ）がおったら勝負しとったやろうけどね。河野には悪いけど」

当の田辺や寺本にも尋ねてみたことがある。もし、全打席敬遠しろと指示されたら、と。するとやはり野手だった河野とは違う反応を見せた。

現在は社会人野球の強豪、トヨタ自動車に勤める田辺は当然のことのように言った。

「勝負させて欲しいって言ったんじゃないですかね。だって楽しくないじゃないですか」

千葉ロッテを引退し、実家の徳島で飲食店を経営する寺本も、まゆのあたりにしわを寄せていた。

「やれと言われればね……。でも、僕も一年のときからエース格の扱いを受けてきたわけですからね。プライドがね、ありますからね」

彼らだったら「勝負しとった」のと同時に、勝負させざるをえなかったのではないだろうか。

先発・河野に関し、捕手だった青木も異論はなかった。

「あのとき、いちばんよかったのは河野でしたからね。受けててわかりますもん。コントロールいいし。こいつなら勝てるなと。市川という選択肢もあったのかもしれませんけど……先発は間違いなく河野だと思ってましたね」

二年生の市川順也《じゅんや》は、高知県大会では二一回と三分の一と、五人の投手の中ではいちばん投球回数が多かった。しかも初戦、県大会最大の山場だと言われていた高知商との対戦では完封勝利を飾っている。だが馬淵はこう言い切る。

「市川は縦のカーブがよかったからね。高知商は縦の変化に弱いと思ったんよ。でもあそこ以外、大事なところは全部河野よ。それとね、市川はビビリやから」

全部歩かせる展開になった場合、スタンドが騒ぎ出すことは十分予想できた。市川にはその重圧に耐えるだけの精神力はない。指揮官はそう見ていた。

馬淵の「ビビリやから」という言葉を市川にそのままぶつけてみた。すると、妻の故郷の静岡で板前修業中だった市川は声を上げて笑った。

「自分、同じこと直接言われましたよ。河野さんと違って、マウンドとかでもけっこう考えちゃう方なんですよね……。星稜戦の次の試合で投げてるんですけど、あんまり調子よくなくて、あとで監督さんに『ベース見えんかったらしいな』って言われましたし。練習試合のときなんて、マウンドで目元にサロメチール塗られましたからね。中矢さん(伝令役の選手)がマウンドにきて『塗ってこいって言われたから塗るぞ』って。ひりひりして、目、開けられなくなっちゃって。あの人、平気でそういうことやりますから。まゆ毛剃《そ》ってたときも、そんなまゆ毛してるからダメなんだってマジックで書かれたり」

確かに目の前の市川があの騒然とした中で平然と打者に相対している姿というのは想像しにくかった。一方の河野には、こいつならできるだろうな、そう自然と思わせるものがあった。市川はモップの柄はどの普通の棒。それに対し河野には、黒々とした四寸角の柱が体の中を貫いているような、そんな印象の違いがあった。

その河野は、試合の三日前、練習会場の尼崎市記念公園野球場で馬淵から先発でいくことを告げられた。

「え、俺かよ、って。調整はしてましたけど、投げたいとは思ってなかったですから。ピッチャーが華って言いますけど、僕は打つ方が好きでしたからね。甲子園で打って、それでプロに行くことが目標でしたし」

この冷め方が、彼の投手としてのたくましさでもあった。


馬淵は試合が近づくにつれ、周囲の親しい人や記者などに、敬遠策をそれとなくもらしていた。三瓶高校の先輩である堀内国年《くにとし》は思い起こす。堀内は現在、三瓶で喫茶店を経営している。

「当日か、前の日に電話があって、全部歩かせると。もう四回やったら四回打たれるって。大会の最初の頃は、緊張してたいうのもあるのかな、そうやってけっこう電話あったんよ」

試合当日、高知新聞の朝刊で「星稜戦こう戦う」という記事の中でも、馬淵はこんなコメントを残している。

《四番の松井君は別格で、高校生離れしている。彼に打たれればチームも勢いづいてプラスアルファの力を発揮するので、歩かせてもいいくらいの気持ちで徹底マークさせる。勝負しなければならない場面もくるだろう。その伏線となるように、最初は外角低めに集めさせる》

注意深く読めば、かなり具体的にあの試合の展開を予告している。星稜の七番を打っていた奥成悟の中にもこんな記憶があった。

「確か、前の日のスポーツニュースで、馬淵監督が『明日は勝負しないことになると思います』みたいなことを言ってたんですよ。だからまた帝京戦みたいになるのかなとは思っていたんです」

人によって多少の差はあったが、中にはかなりはっきりと告げられていた人もいた。そんな中のひとり、NHK高知支局のアナウンサーだった広瀬靖浩《やすひろ》は、だから五打席目の敬遠を目《ま》の当たりにしても「やってるなあ」ぐらいにしか思わなかったと言う。

「あの馬淵さんが一度やると言えば絶対やるんだろうなと思ってましたから。さすがにテレビカメラの前では、はっきりは言ってなかったですけど、ずいぶんと匂わせていたことは確かでしたね」

このあたりが馬淵の愛嬌なのだ。馬淵は常総《じょうそう》学院の監督、木内幸男《きうちゆきお》を敬愛する理由をこう話していたことがある。

「あれほど正直な人、おらんと思うよ。ごまかしてやろうと思っても、半分、ほんとのことをいってしまう」

これはそのまま馬淵にも当てはまる。

同じ敬遠策でも、馬淵にあって、帝京の監督、前田三夫になかったもの。それは後の打者を徹底的に研究していたという点だった。

この年の星稜は、三番・山口、四番・松井は固定していたが、その後の五、六、七番は流動的だった。五番は帝京戦でもそうだったように奥成が座ることが多かった。だが、この夏は調子を上げていた月岩信成の指定席になっていた。

馬淵は、松井と勝負するリスクと、松井を歩かせ五、六、七番と勝負するリスクを天秤《てんびん》にかけ、後者にかけたと話す。

「五、六、七はインコースの真っ直ぐと、外のカーブさえ投げていれば打たれないなと思いました。もし五、六、七にいいバッターがいたら、絶対、敬遠はしていません」

あの試合、馬淵はベンチから一球、一球、サインを送り、この五、六、七番を仕留めていたのだ。

馬淵は僕に対しては「五、六、七」と大雑把にくくって話していた。だが実際は、その中でも特に松井の直後を打つ月岩のところに穴があると見ていたようだ。センターを守っていた橋本玲《れい》が回想する。

「特に五番の月岩と、あとは九番のことを言っていましたね。九番はキャッチャー（北《きた》村宣能《むらのぶよし》）でしたかね。この二人に打たれるようなら野球やめろ、やめろ、って本当に言ってましたよ」

馬淵の戦術を練る上での周到さはそれだけに留まらなかった。馬淵は敬遠を実行する上で、試合前夜、選手に三つの「偽装」を課していた。

一、捕手は座ったまま外に外させること。

【捕手の青木の証言】「立つなと。横にそらせ、と」

一、外野はフェンスぎりぎりまで下がること。

【レフトの加用の証言】「松井が打席に入ったら下がれ、って。要するに演技でしょう？」

一、投手は不調を装うこと。

【投手の河野の証言】「入らんフリをしろって。おかしいなあ〜、って、やれって」

あからさまな敬遠ではなく、勝負にいっているが偶然外れている、そんな風を装うためだった。主将の筒井はその意図をこう理解していた。

「スタンドが騒ぎ出すのを抑えたかったんでしょうね。あとは、いざ勝負となったときの布石でしょう。勝負にいっているように見せかけておけば、内側にぴゅっと投げたとき、振り遅れるじゃないですか」

この読みは前記した高知新聞の記事中の《勝負しなければならない場面もくるだろう。その伏線となるように、最初は外角低めに集めさせる》という部分と重なる。つまりこの《外角低めに集めさせる》という部分こそ、言ってみれば馬淵の敬遠宣言に他ならなかった。

だが、馬淵にこれらの偽装について確認すると、青木を座らせたこと以外に関しては、

「俺はあんなことをせいとは言わんかった」と否定する。

二度、これらのことを馬淵に尋ねているのだが、いずれも断固たる口調でそのような指示があったことを打ち消した。

「そんなんで卑怯《ひきょう》やみたいな言い方されるんやったら、全部、立って敬遠させておけばよかった。そっちの方が潔かったわ」

選手のほとんどが間違いなくそういう指示はあったと証言しているのだが……。

十中八九、馬淵がそう命じたことは間違いない。それなのに馬淵はそのことを完全に忘れてしまっている。

おそらく、こういうことだ。馬淵は常々話している。「あの試合は自分の誇り」だと。誇りとして留めておくには「潔さ」が不可欠だった。ただ、潔さと、こそこそとしたイメージを想起させる偽装行為は反対色だ。それゆえ過去に置き去りにされ、今では完全に消え去ってしまったのではないだろうか。

馬淵は「点差によっては勝負するつもりだった」と話していた。だが、そのあたりの詳細は選手には伝達されておらず、選手のほとんどは「最初から全打席敬遠するつもりでいた」と振り返る。

これだけの極端な作戦に対し、誰一人として疑問を呈さなかったばかりか、進んで実行しようとしたのはなぜなのだろうか。

これがたとえば、金沢市立工業だったら。星稜だったら。そうしたところで勝つことは難しいという議論もあっただろうが、おそらくは、それ以前に、道義的にそれはできないという結論に至ったことだろう。

星稜の奥成も「僕らだったら絶対勝負していますよ」と語気を強める。

「監督が言ってきても、こっちが納得しなかったら勝負にいく。三年生の頃は『監督は絶対じゃない』と思っている部分もありましたからね。松井も、勝負しろ、って言いますよ。山口もそういうのは絶対に嫌がりますし。そもそも山下監督も敬遠はほとんどさせませんし。明徳の選手はあれど、楽しいんですかね」

風土的な違いを指摘していたのは、松井の中学時代の恩師、高桑だ。駒大時代を振り返りつつ、こう話す。

「北陸に優勝旗がこないの、わかりましたよ。駒大には四国の連中もいっぱいいましたけど、野球に対する感覚が全然違う。誰かが怪我をしたら、彼らは同情するフリはしますけど、チャンスだなって思っているのがありありとわかるんですよ。監督がいるときだけスイングしてアピールしてみたりね。馬淵さんが、インタビューで高知の野球が石川に負けるわけにいかないって話してましたけど、ごもっともだと思いますよ。あれだけレベルの高いチームが敬遠してまで勝ちにこだわってきてるわけですよ。逆にいえばね、石川県は敬遠できない、つまりそこまで勝ちに固執できないからこそ、今でも全国制覇ができないいんじゃないですか」

金沢高校の監督である浅井も、あの試合後、「石川県の野球は本当の意味で勝負にいってないのかもしれない……」、そんな思いにとらわれたと話していた。

彼らの野球観、ひいては人生観。それも確かに要因のひとつだろう。

主将だった筒井は、関西大学を経て、卒業後は高知県の優良企業、四国銀行に入社した。彼の言葉の中にもそれはよく表れていた。

「卒業して思うんですけど、やっぱり勝つことを教えるのが教育だと思いますよ。正々堂々やって、潔くやって、負けてもいいよという教育なんて社会に出たら通用しないでしょう。銀行だってひとつならいいですけど、いくつもあるわけですよ。その中で相手の方が力が上だと思っても、なんとかしないといけないわけですからね」

正論過ぎる、そう思わないでもなかった。だが、あまりの真っ直ぐさに圧倒され返す言葉が見つからなかった。フリーライターという職業に関心を示すのも、決まって明徳の選手たちだった。つまりは「その商売、もうかりますか」と。

そんな中、納得のいく理由がストンと落ちてきたのは、「ベーラン一一〇周」のときに倒れたうちのひとり、三塁手だった久岡一茂のこんな話を聞いたときだった。

「結局、考えがそっち（否定）の方にいかないんですよね……。信じ切ってましたから」

「ベーラン」のときも、倒れる前にやめようとは思わなかったのかと尋ねると久岡はこう答えたものだ。

「やめますっていうのは……考えられなかったですね。そんなこと、考えないんですよ」

変に装飾したり、勢いでものを言ったりすることのない久岡だけに、彼のそんな話を聞いていてようやく当時の選手の気持ちがおぼろげに見えてきた。

中矢太のこんな話は誇張でもなんでもなかったのだ。中矢は、あの試合で伝令役と三塁コーチャーを任されていた。

「『わしがな、黒のカラスを見て白じゃといったら白だと思え』って馬淵監督からは言われましたから。みんな本当に白いと思ってましたよ。監督のいうことがすべてという訓練と教育を受けてましたから。いいか悪いかは別にして。こういうこと言うと、操り人形になってるみたいでかわいそうとか言われるんですけど、そんなことぜんぜんないですよ。みんなこの監督のために、って思ってやってましたから。あの頃は特に、いい意味でみんな馬淵教の信者でしたからね」

白いカラスの話は、決して昔話ではない。今でも明徳の選手はそういう指導を受けている。

「馬淵教の信者」である彼らの中に、そもそも「ノー」などという選択肢は存在しえなかったのだ。筒井も言う。

「あのときも一〇〇人ぐらい部員おったんですけど、監督のひと言で、みんな同じ方向、向いてたと思いますよ。試合までに、やめようぜ、なんて言ったやつ一人もおらん。あの人に何か言われたら首は絶対に横にふれない。でなきゃ、あの作戦が仮にできたとしても勝ててないでしょう」

実はこの試合の三七年前、首を横に振った選手がいたがために、負けてしまったチームがあった。一九五五年春の甲子園の決勝、浪華《なにわ》商業―桐生《きりゅう》高校の一戦でのことだ。

桐生の監督、稲川東一郎《とういちろう》は、当時「怪童」と呼ばれていた浪商の四番・坂崎一彦《さかさきかずひこ》（元巨人）に対し、馬淵と同じように全打席敬遠を思いつく。だが、投手の今泉喜一郎《きいちろう》（元大洋）は、第一、第二打席は従ったものの、第三打席、勝負にいき逆転2ランを浴びてしまう。今泉は第四打席、第五打席は再び敬遠の命令を守った。つまり全五打席中、唯一、勝負した打席が不幸にもホームランになってしまったのだ。

今泉は「魔が差した」のだと振り返る。

「やっぱり、できれば勝負したい……という気持ちがどこかにあったんでしょうね。だって、ピッチャーとしては屈辱ですよ。ましてやランナーなしでフォアボールを投げるというのは」

明徳―星稜戦でも、明徳が松井の第四打席、走者なしでも敬遠し、明徳擁護派からでさえ「あそこだけは勝負すべきだった」という声が上がった。しかし今泉の場合はそんなものではなかった。四つの敬遠のうち、三つが走者なしだったのだ。

桐生は最終的に延長一一回、4―3でサヨナラ負けを喫する。

この敗戦を未だに引きずっていたのは、バッテリーを組んだ捕手の田辺義三《よしぞう》（元西鉄）だった。

「敬遠が恥ずかしいなんて思ったことは一度もない。勝てるんだったら、僕は今でも敬遠を選ぶ。未だにあの打席、勝負にいってしまったのは失敗だったと思ってますから。

あわよくば抑えられるって思っちゃったんでしょうね。それが、まさかホームランになるとはねえ……。勝負して、打たれて、負けたらダメなんですよ。勝負事は。僕は、今でも悔やんでいるかもしれません。というか、悔やんでるんですけどね。あのときのことは、試合が終わってから、今泉とは一度も話したことがないんです。会ったら、ひと言、言っといてくださいよ。悪かったね、優勝投手になれたのにね、って」

だが、当の今泉の方はさっぱりしたものだった。

「今考えるとバカみたいな作戦ですよね。四つも五つも。チーム全体としてはいいけど、ピッチャーとしては納得いかない。明徳のピッチャーだってそうでしょう？　あんな作戦で勝たなくてよかったですよ。みっともない」

敬遠の難しさはこのあたりにもある。三つも四つもとなると、特に投手のプライドが許さない。そして、それがチームの士気に影響してしまう。

その点、河野は「自分はどうせピッチャーじゃないんだから」と割り切っていた。ならばエース番号をつけていた岡村はどうか。馬淵が言うように岡村が真の意味でのエースではなかったということも影響しているのだろう、答えはすぐに返ってきた。

「自分が投げてても勝負したいというのはなかったと思いますよ。周りの人は、勝負したかったんじゃないかって、思ってるみたいですけど、まったくない。河野もそうでしょう。監督とそこまでの信頼関係があったということですよ」

五つもの敬遠を勝利に結びつけることができたのは、この結束力があったからでもあった。

ただ、桐生とは違い、明徳の選手が監督にそこまで心酔していたのは、馬淵の力だけではあるまい。

社会人時代の同僚でもある宮岡清治に、阿部企業の選手たちも「白いカラス」の存在を信じていましたかと聞いたら一笑に付されたことがあった。それは選手の年齢的なものもあるだろう。そしてもう一つ大きいのはやはり環境だ。

極論すれば、明徳は一種のカルトなのだ。

カルトが生まれやすい環境というものがある。明確な目標。カリスマ的指導者。生まれ育った環境との断絶。情報のコントロール。プライバシーがない、等々。これらの条件が明徳での生活においてもすべて当てはまる。それらの徹底ぶりは今とは比べものにならなかった。

こうした中で人はどんな命令にも「強制されている」という感覚を失っていく。黒いカラスも白く見えてくる。明徳をカルト呼ばわりして揶揄《やゆ》したいのではない。教育とは、スポーツとは、多かれ少なかれそういったカルト性を帯びている。明徳はその極端な例だ。明徳を一度でも訪れたことのある人ならば、どうしてそうなりうるのか、想像することはそんなに難しいことではない。

捕手の青木は話していた。

「ああいう場でどうして僕らが運命共同体になれたのか、そっちのプロセスの方を取り上げて欲しいんですよ。試合がどうだったかということよりも。馬淵監督っていうカリスマ性のある人がおって、寮生活があって、なにもかも厳しい中でね。まあ、説明してもわからんのでしょうけど」

中矢はもう少し語勢が荒かった。

「学校という感覚じゃなかったですね。修行しにいっているというか。僕はなんぼ積まれても、もう二度とあんな生活はしたくないですね。だから当時、いろんな批判も受けましたけど、知らんもんが何いおんぞ！　と。ならここで生活してみい！　って感じはありましたよ。うわべだけ取り上げてね」

馬淵は、夏の大会に入る前、選手にこう声をかけていた。

「俺はおまえらと心中するつもりでやる」

それは、おそらく、比喩以上の意味があった。

第四章　伝　説

日中の気温は軽く四〇度を超えていた。

「すーごい、暑い日だった。今日みたいにね」

晩にダイヤモンドバックスとの試合を控えていた松井秀喜は、そう穏やかな笑みを浮かべてから記憶の糸をたどり始めた。

二〇〇四年六月、アリゾナ州フェニックス。松井への二度目のインタビューは、宿泊していたホテルの近くにあった日本食レストランで行われた。これが乾燥地帯特有の気候というものなのだろう、外はまるで街全体が巨大ドライヤーで焼かれているかのような暑さだった。

「あの日、（太陽に熱せられて）ベンチが座れないぐらい熱くなってましたから。お昼過ぎですからね、いちばん暑い時間帯。チームでポカリとか缶ジュース類をいっぱい持ってきてたんですけど、みんな最初の方に飲み干しちゃって後で大変だったんですよ」

あの日――一九九二年八月一六日。大会は七日目を迎えていた。お盆休み中ということとだけでなく、日曜日でもあった。さらには、松井が登場するということも重なり、甲子園は超満員の観衆で膨れあがっていた。

五万人のお目当てだった明徳義塾―星稜の一戦は、第三試合に割り当てられていた。試合開始時刻は午後一時一二分。試合終了時刻は三時一九分だった。つまりこの一戦は、午後一時から午後三時という一日の中でもっとも気温が上昇する時間帯の中に、ほぼすっぽりと収まっていた。

その上、この日の神戸の気温は大会期間中最高となる三三・五度を記録。すり鉢状の底にあるグラウンドレベルは熱がこもりがちになるため、通常の気温よりも高くなる。グラウンドキーパーの話によると、ベンチの中は「気温プラス五度」、熱を吸収してしまう黒土の上だと「気温プラス一〇度」にもなるという。

松井があの日の暑さをアリゾナの極熱にたとえたのもまんざら冗談ではなかった。

松井への最初のインタビューが実現したのは同じ年の二月のことだった。本格的に取材を開始してから一年以上の月日が経過していた。

六割程度の取材を終えたところで、それまで棚上げにしていた難題をようやく本気になって考え始めていた。出版されるあてもない本の取材のために松井のようなスター選手に会うにはどうすればいいのか、と。

それまでの取材がそうだったように、極力人に頼りたくなかった。自分のお金だけで、自分の力だけで、最後までやり遂げる——。

松井に対してもそのスタンスは変えたくなかった。そして考えに考えた挙げ句、松井が石川の実家に帰省している年始めをねらって、ひとまず父親である昌雄《まさお》宛《あて》に手紙を送った。その中に、松井への手紙も同封しておいた。

松井宛の手紙の最後には、住所、自宅の電話番号、携帯電話の番号、メールアドレスと自分のありとあらゆる連絡先を記しておいた。もし取材を受けても構わないというのであれば、何らかの手段で連絡が欲しい、と。

こんな方法で……と今なら思う。でもその当時は気分が高揚していたせいもあったのだろう、あの松井なら、と思っていたのだ。

あの松井なら受けてくれるのではないかと——。

あるスポーツ新聞社に入社した一年目のことだった。当時、横浜ベイスターズを担当していた僕はオールスターのときだけ「松井番」を任されることになった。移動中も同じ飛行機に乗るなどして、松井のコメントを細大漏らさず拾い集めるのが仕事だった。

プロ入り五年目を過ごしていた松井は、そのときすでに名実ともにスター選手の仲間入りを果たしていた。巨人担当のキャップを務めていた先輩記者は、その任に就くに当たり、羽田空港の出発ロビーで僕のことを松井に紹介した。

「松井ぃー。うちの新人なんだけど、よろしくね」

硬直気味の体に無理矢理いうことをきかせ松井に名刺を差し出した。すると松井はそれを両手で受け取った。そして、「こちらこそ。よろしく」、確かにそう言った。折り目正しい口調で。あの松井が、である。

ショックだった。松井の丁重さが。一般社会ではそれが普通なのだ。ただそんな普通に滅多にお目にかかることのできないプロ野球の世界にあって、松井が身につけていた普通さは驚愕に値した。

「あの松井なら……」と思っていたのは、まずはそのときの印象があったからである。

そしてその松井像に、その後、同業者から聞いたいくつかの松井に関する話を貼り付けていた。そこから出た結論。彼は肩書きや身分で人を判断するような人物ではない。またお金で動くタイプでもない。そう思えた。松井なら事情さえ説明すれば、いいよ、そう応じてくれそうな気がしていた。

年が明けてからとりあえず一週間待った。が、音沙汰はなかった。

次の作戦に出た。昌雄に再び手紙を書いた。一月の下旬に仕事で金沢を訪れる用があるので、そのときに都合がつけばお父様にもインタビューさせて欲しいと。もし取材を断られても、あいさつだけでもしてくるつもりだった。その席で再度、松井取材の件をプッシュしようと思ったのだ。

二度目の手紙を書いたあと、父親の昌雄に電話を入れてみた。昌雄は、僕が金沢に行く日はちょうど家を留守にしているのだと申し訳なさそうに言った。でも、「明日、秀喜に会うので聞いておきますよ」、そうも言ってくれた。そのときの声のトーンなどから判断し、なんとなくではあるが、ダメかな、そう思い始めていた。

そこから再び約一週間。依然として音沙汰はなかった。

それでも金沢で仕事をこなしたその翌日、当初の予定通り、根上町にある松井の実家を訪ねることにした。

当時は隣に松井の記念博物館、「松井秀喜・野球の館《やかた》」（現在は松井秀喜ベースボールミュージアムとしてリニューアル）があった。そこを軽く覗《のぞ》いた後、女性の従業員に昌雄宛の手紙と千葉の名産の落花生を手渡した。最後のアピールのつもりだった。

ところが、帰りのタクシーで意外な事実が判明する。

タクシーの運転手はこちらが何も聞いてないのに話し始めた。

「今では親父《おやじ》さんもすっかり有名人になっちゃってねえ。さっき、壺《つぼ》を抱えて家の中を歩いてたでしょう」

一瞬、声の出し方を忘れたかと思った。

気を取り直し、三度、確かめた。本当ですか、と。「間違いない」、運転手は自信満々だった。どうやら「居留守」を使われてしまったようだった。だが、昌雄に対する怒りは微塵《みじん》も湧いてこなかった。むしろ、そらそうだわな、と大声で笑いたい気分だった。見事な落ちがついた。

　自分がいかに無謀な方法を選択していたかを改めて痛感した。それとともに、万策つきたな、そんな一種の清々《すがすが》しさがあった。もう一度ぐらい昌雄に様子見の電話を掛けてみようかと考えていたが、それも無駄骨に終わる可能性が高い。いや、間違いなくそうなる。知り合いの編集者が週刊誌で松井の記事の連載を担当していたので、その人に頼んでみよう、そう観念しつつあった。

　ところが金沢から帰ってきた三日後の昼過ぎのこと。予想もしていなかった人物が僕の携帯電話を鳴らした。

「ヤンキース広報の広岡ですが」

　ヤンキース？　広報？　広岡？

「毎日新聞の記事を書いてくれた方ですよね」

　広岡勲《いさお》は勘違いしていた。どうやら松井から世話になった人の名刺を何枚か預かっており、その一人ひとりに広岡が本人に代わってお礼の電話をしているらしかった。昌雄に送った封書の中に確かに僕の名刺を入れておいたのだが、それがどういう経緯でその中に紛れ込んでしまったのかはよくわからなかった。いずれにせよ、昌雄は手紙だけは松井に渡してくれていたようだった。

僕は事情を簡単に説明し、改めて文章にしてファックスで送ると伝え、ひとまず電話を切った。

ここからが勝負だった。取りかかっていた仕事を放り投げ、このチャンスを逃してなるものかと夢中でパソコンのキーを叩いた。

書き終わるや否《いな》や、さっそくファックスした。

電話で広岡は、今は各媒体ともインタビュー等の単独取材は一五分でお願いしていると話していた。その頃、ある雑誌の編集者が、松井の写真撮影に立ち会った際、広岡に「撮影は五分でお願いします」と言われて面食らったと話していたが、ヤンキース一年目のオフを迎え、松井への取材依頼は巨人時代を遥《はる》かにしのぐ勢いで殺到しているようだった。

ただ、一五分ではあまりにも短すぎる……。最低ラインは三〇分。自分の中ではそう考えていた。広岡からの返事は早くても二、三日後だろう、そうのんびりと構えていると、その日の晩、さっそくコールバックがあった。開口一番、こう言った。

「なんとかするよ」

言葉に力がこもっていた。昌雄や松井に通じたかどうかはわからない。でも広岡には自分の思いが通じたようだった。胸に熱いものが広がった。

「日本でなら三〇分から四〇分ぐらい、アメリカまでこられるんだったら一時間は確保する。キャンプが始まって最初の一週間ぐらいのときなら時間的に余裕があるからさ」

アメリカまで行きます、即答していた。


二〇〇四年二月二七日、フロリダ州タンパ。

ヤンキースのスプリングキャンプ三日目だった。その練習後、ちょっと遅い松井の昼食時間が、ほぼ二ヶ月がかりでようやく手にした最初の取材時間になった。

広岡が運転する車で球場近くのアジア系のレストランへ行く。到着すると、奥の個室に案内された。広岡も同席するものだとばかり思っていたら、広岡は「じゃあ、よろしく」と言って出て行ってしまった。

松井と二人きり。

白い長袖シャツと黒いTシャツを重ね着した松井がほんの数メートル前に座っていた。自分のためだけに。こんなことを言ったら取材者としては失格なのだが、あまりの厚遇に、ほんの一瞬、夢心地になりかけた。

だが、すぐに気持ちを落ち着け、頭を取材モードに切り換える。

松井に会ったら、真っ先に聞いてみたいことがあった。巨人入団が決まり、ジャイアンツ寮に入る際、松井は明徳戦のビデオを持ち込んでいた。たくさんある試合のビデオの中から、それだけを選んだのだ。そして、折にふれ、そのビデオを見返していた。そんな話をテレビや雑誌で何度か目にしていた。

自分の中に、ひとつの仮説があった。松井は「伝説」に追いつこうとしているのではないかと。

甲子園史上、何かを成して伝説となった選手は何人もいる。だが松井は、そこが凄みでもあるわけだが、バットすら振っていないのに伝説になってしまった。つまり、誇りと同時に、座り心地の悪さのようなものもあったのではないだろうか。

テレビのインタビューの中で、松井があのときのことについてこんな風に語っていたことがある。

《あの当時の松井秀喜は五回敬遠する価値のあるバッターではなかったと思っているんですよ。勝負しててもね、打ったか、打たないか、わからないですからね。松井秀喜は五回敬遠されたことで伝説のバッターになってしまったんです。甲子園ではね》

だから、これから自分は、五回敬遠しても不思議ではなかった、そう言われる打者にならなければならない。あるいは、そんな思いでビデオを観ていたのではないかと思ったのだ。

松井はいつもの少しカン高い口調で話し始めた。

「まあ、それも多少はあるでしょうね。自分があそこで五敬遠されて、プロに入ってなんてこともなかったら、ぜんぜん、その伝説も伝説にならないし……。別に、そんなことのために野球してるわけじゃないですけど。あの出来事を本当の意味で伝説化するには、これからの自分のがんばり次第っていうか。でもそんなにないかな。多少ですね、多少」

明徳戦のビデオだけを選んだ理由についてはこう話す。

「当時の気持ちですよね。あの一試合の中に僕の三年間のすべてがつまってるような気がする。あの一試合さえ観ればね、なんか、高校時代のいろんなことを思い出せる、そんな気がするんですよ」

あの試合、六番を打っていた福角元伸《ふくずみもとのぶ》はこんなことを話していた。福角は大阪産業大卒業後、松井の勧めもあって報知新聞に就職。その後転職し、現在は朝日新聞の運動部で健筆をふるっている。

「松井、言ってましたよ。本当の意味で純に野球をやっていたのはあの時代だって。純粋にね」

松井はメジャー入りする数年前から一度も明徳戦のビデオを観ていないという。

「多少自分を奮い立たせたいときに観てましたけど、今はもうあんまり必要ない。観てたのは若いときですよね」

その頃も、実際は一年に一回程度、トータルでも一〇回も観てないだろうと述懐する。なんとなく拍子抜けしている僕の向かい側で、松井はカタコトの英語でウエイターに注文をし始めていた。

「キャナイハブ、シューマイ?」


星稜の捕手だった北村宣能の回想。

「試合前、しゃべったんですよ。馬淵さんと。あの頃は両チームともバックネット裏から出入りしてたんで、裏の通路で待機しているときに一緒になるんです。星稜が三塁側やったから、僕らが前で、明徳が後ろで。僕と哲治(=山口)はブルペンで投球練習してたんで、遅れていったら、『松井君って、すごい?』って話しかけられて。ほんと、そんな聞き方で。ちょっと笑顔はいっとったかなあ……。僕は相手をビビらそうということしか考えてないですから、打ちますよおー、って。したら『ああそうか』って。ぶっちゃけ、なんか陰気くさい監督やなあ、と思いましたね」

前述したように、敬遠策は事前にある程度まで馬淵史郎の口から語られていた。星稜の部長だった野村治夫《はるお》の耳にその情報が入ってきたのは、北村と馬淵の間でそんな会話が交わされていたときとほぼ同時刻だった。

「試合前、通路に待機してますよね。あのとき、どこかの記者が山下監督のところに

『全打席敬遠という話があるけど、どう思いますか？』みたいなことを聞きにきてたんですよ。まさか本当に全部やるとは思わなかったけど」

そのことを監督だった山下智茂に確認すると、両者の間には多少の記憶違いがあった。

「いや、全部じゃないよ。塁に出たら敬遠はあるみたいですよ、って言われたんです。全打席ってのは聞き違いだと思います」

だが、星稜ベンチはそんなある種の「通達」を聞き流した。いつものことだと。無理もないが、まさかあそこまで徹底してくるとは考えていなかったのだ。

松井も、山下から敬遠に関する話は特になかったと振り返る。

「ただ、どういう試合でも常に歩かされる可能性はあると思ってましたよ。チャンスで、一塁ベースが空いてたら。だから、いつもの試合とまったく変わらず、同じ気持ちで入りましたね」

松井はこの試合、二イニングスに一度の割合で打席に立った。一回表、三回表、五回表、七回表、九回表の計五打席。

一回表にさっそく巡ってきた第一打席のシチュエーションは2アウト三塁。松井が覚悟していた「チャンスで一塁ベースが空いている」状況だった。

このとき、明徳のキャッチャーだった青木は打席に入った松井が足場を固めているとき、「チャック開いてるよ」、そんな戯《ざ》れ言《ごと》を言った。

「僕なりに、動揺を誘ったというか、そういう効果をねらったんですけど……。効果ゼロでしたね。ちゃんと聞こえてなかったんだと思います。松井は『何かいった？』みたいな感じでちょろっとこっちを見ただけでしたから」

松井に確認をとると、大笑いしていた。

「覚えてないな。だいたい開いてるわけないじゃない！　ハハハハハハハ」

二回裏に二点を先制されて迎えた星稜の三回表。二打席目も、松井の中で心の準備はできていた。1アウト二、三塁と絶好の得点機。しかも、一塁ベースはランナー不在。明徳のリードはわずか二点だ。歩かされてもなんら不思議ではなかった。

ここでも、明徳の外野陣は馬淵の指示通りフェンス手前まで下がっている。河野も、しきりに手首を回したり、首を傾けるなどして、暗に「不調」を訴えていた。だが松井はそうした「偽装行為」には気づかなかったと話す。

「でも、わかりますよ。あそこまで逃げられたら。まったく勝負する気はないなって。そういうのは、バッター、すぐわかりますから」

河野の球を誘導していた捕手の青木はそれに対し、こう弁明する。

「監督には際どい球って言われてましたけど、僕の中では明らかなボールを要求してましたね。もう半腰でしたもん。あそこまで外させたのは松井のオーラですよ。ちょっとでも中に入ったらやられるという感じがあった」

この第二打席、松井は四つのボールを選ぶと、次打者の五番・月岩信成がバッターボックスに近づいてくるのを待って、「頼むぞ」、そうひと言声をかけてから一塁に歩いていった。

この回、星稜は松井から激励された月岩のスクイズで1—2と一点差に詰め寄る。ここまで、この試合はごくありふれた展開を見せているに過ぎなかった。

ところが、1—3と明徳に再び二点差に広げられて迎えた五回表のことだ。

「『えっ』、て思いましたよ。ここでも敬遠するのかって。これで、今日は勝負されないんだろうなとは思いましたね」

第三打席は、1アウト一塁。塁が詰まっているケースでも勝負してもらえないというのは松井にとっても予想外のことだった。

テレビ画面を通して観ると、この打席、初めて松井の表情が変わったように見える。ほんの少し口をすぼめ、目を見開き、「ほんとかよ……」、そういっているかのようだ。この打席で、一、二打席目の敬遠が、山下や松井が「いつものこと」と見なしていた敬遠策とは明らかに種類の異なるものであることがわかり始める。

松井の三度目の敬遠で1アウト一、二塁となった。続く五番・月岩はレフトフライに倒れたが、六番・福角がレフト前タイムリーを放ち、2—3と再び一点差にせまる。明徳の敬遠策は、ここで初めて裏目に出た。

福角の一打で、一塁から一気に三塁まで陥《おとしい》れていた松井は、塁上で勢いよく両腕を突き上げた。そして二塁まで到達していた殊勲者の福角を大声で呼び、この安打を称《たた》えた。

福角が思い起こす。

「三塁から『福角ぃー！』って。僕の方に向かって、右腕で、よしって、ガッツポーズしてくれたんです。僕もえらそうに右手あげてこたえて。あいつは本来、熱い男ですからね。特にこの試合は、打てないぶん、すっごい周りに声かけてるんです」

打席の中では静けさをたたえていた松井だが、それ以外の場所では確かに盛んに感情を露《あらわ》にしていた。

この試合だけではない。高校時代の松井はそうだったのだ。打てば誇らしげにガッツポーズを見せ、サヨナラ勝ちが決まれば万歳しながら何度も何度もジャンプした。実に生き生きと、そして伸びやかに感情を表現していた。巨人に入団してからの、何があっても泰然自若としていた松井とはずいぶんとイメージが異なる。

福角のヒットで2アウト二、三塁となったあとも、松井は三塁ベース上から、打席の七番・奥成に、両拳で自分の胸をドンドンと二回叩き、口を大きく開けて何か叫んでいた。

「意図的にアクションを大きくしてたというのもあったと思いますけどね。キャプテンをやってたので、チームを勢いづけようと。でも、もともとは、そうやってものすごく感情が外に出るタイプだったんですよ」

　松井の持って生まれた気質を実によく表している幼少時代のエピソードがある。

　まだ小学校の低学年だった松井は、ある日、四歳年上の兄とその友達と一緒に野球をして遊んでいた。ところが些細《ささい》なことからケンカに発展。松井のあまりの剣幕に兄たちは逃げ惑い、部屋に閉じこもってしまう。すると松井はその部屋の窓ガラスを素手で突き、割ってしまったというのだ。

　加賀高校の監督である高鍬稔久が、中学時代の松井から感じ取っていた「いつ何どき大爆発するかわからない活火山」のような熱い感情。それはこのように、ときに噴出していたのだ。

　高校時代にも何度か「大爆発」したことがあった。山口が首を巡《こうべ》らす。

「いつだったかは覚えてないんですけど、ミーティングをしてるとき、後輩が花札かなんかをやってたんですよ。そのときは激怒してましたね。暴れてましたもん。普段は真面目なやつだけに、みんなビビってましたね」

　ビビっていた中の一人、清水雄一《しみずゆういち》が証言する。清水は明徳戦、二年生ながら一番を任されていた選手だ。

「野球かなんかのカバンを振り回して怒ったんです。それが同級生の耳か鼻に当たって、スパって切れて。血が出て。怖かったですね。普段は、そういうこと、ほとんどなかったですから」

二年秋にも松井の「激怒シーン」は目撃されている。明治神宮大会で優勝し、そのご褒美として台湾遠征に行ったときのことだ。奥成が語る。

「場外ホームランを打った次の試合、とんでもない高いボールをストライクって判定されて。バットを投げて怒ったんです。ヘルメットも、がん！　ってやって。判定もびっくりしましたけど、松井がそんなことをしたのにもびっくりしましたね」

福角は、そんな松井のことをこう評する。

「あいつは、本来、短気でわがままな男なんですよ」

松井の第四打席は、七回表、2アウト後に訪れた。初めてランナーがいない状況で回ってきた。星稜は依然として2―3と一点のビハインド。

「もしかして……と思いましたけどね。もうあそこまできたら驚かないですよね」

初球、河野が投じた真っ直ぐは、またしても大きく右に逸《そ》れていく。

この直前、馬淵は宙に右手人差し指で「4」と書いていた。それを確認した青木も、「当然だよな」、そう納得していた。青木が言う。

「どれがどれかは忘れてしまったんですけど、当時、1、2、3、4ってサインがあって、３は確かスライダーで、４は敬遠のサインだったんですよ」

　主将の筒井健一も平静を保っていた。

「疑問はぜんぜんなかったですね。一点差でしょう？　あそこで四番に一発打たれたら、かさになってかかってくる。この作戦は、徹底するからこそ意味があるんです」

　マウンドに立っていた河野和洋も同じ「方向」を見ていた。そして「実は松井どころじゃなかったんですよ」と戯《おど》けてみせる。

「おろしたてのグラブだったんですけど、ヒモがほどけて、ほどけて。二重に結んでもすぐほどけちゃう。それが投げるときに手に当たるもんやから、気になってしょうがなかったんですよね」

　そして事も無げにこんなことを言う。

「六回か七回ですかね。ベンチの前でキャッチボールしてたら、ヤクザみたいな兄ちゃんがネットに近づいてきて、『殺すぞ。覚えとけよ』って。あれはちょっと怖かったですね」

　ただ、松井見たさに超満員に膨れ上がっていたスタンドは黙っていなかった。松井が打席に入るとともに、期せずして、「ショ、オ、ブ！」「ショ、オ、ブ！」という勝負コールが沸き起こる。一球外れるごとに、そのボリュームは大きくなっていった。

　この四つ目の敬遠をきっかけに球場内に不穏な空気が漂い始める。そして、以降、星稜の打者がアウトになるたびに、敗色が濃くなるにつれ、その密度は高まっていった。明徳の一塁手だった岡村憲二は、守備を終えベンチに戻ったときのこんなシーンが忘れられない。

「ベンチの上で観てた変なおじさんが、『刺すぞ！』とか言いながら、金網をよじ登ってきたんです。馬淵さん、その観客に『なんじゃ、こりゃ！』って。『くるならこんかい！』ってやり返してましたからね。頼もしいというか、おもしろいでしょう、馬淵さんって」

試合は大詰めに入る。九回表。得点は変わらず2－3のまま。星稜が一点を追っていた。打順は一番からだった。つまり、三人で終われば四番の松井まで回らない。だが、捕手の青木は三番の山口に「打たれる予感があった」と明かす。

「もう一回、松井とやらないといけないというか、雰囲気ですよ。この試合はそう簡単には終わらないだろうなと。野球の神様がまだ見たがっていたというか」

星稜は、2アウト走者なしまで追い詰められた。だが、ここで「あまりの暑さにベンチではずっと扇風機にあたっていた」と話すエースで三番の山口が最後の意地を見せる。

青木がそのシーンを思い浮かべる。

「レフトオーバーで三塁までいったとき、ベース上で、山口が『うおおおおー！』って吠《ほ》えていたでしょう。それで、五万人の観衆も『うおおおおー！』ってなって。スタンドが揺れるという感じがよくわかりましたね」

三塁側のアルプススタンドで声をからしていた松井らと同級の丸井睦《むつみ》は、そのときの様子をこう語る。

「あのときは泣けてきましたね。周りの女の子もほとんど泣いてました。哲治（＝山口）は普段、あんまりああいう態度は見せないタイプじゃないですか。だから、なおさら」

山口は「あの場面を演出できたのはいい思い出ですね」と語る。

「明徳からしたら『バカヤロー！』って思ってるでしょう。でも、僕も負けず嫌いですからね。最後の打者にだけはなりたくなかった。それに最後、キャプテンまで回さなあかんと。松井のことは信頼してましたからね。松井の契約金上げたの、明徳か自分でしょ。でも僕もファンレターいっぱいきましたからね。あの三塁打は忘れられない、って。自分も結構得しましたよ」

この第五打席目がなかったら……そう振り返る関係者は多い。あるいは普通の試合に過ぎなかったのではないかと。

九回表、2アウト三塁という場面で五たび、松井はバッターボックスに足を踏み入れる。そして、五たび、今までと同じように軽く足をあげてタイミングをとり、四つのボールを青木のキャッチャーミットまで見送った。

「歩かされるだろうなとは思ってましたけど、でも自分の中では常に準備はしていましたよ。それは、この打席だけではなく、すべての打席、すべてのボール、準備してました。少しでもストライクゾーンにきたら打ってやろうと」

その中で、たとえば一度ぐらい、ボール球をわざと振るような、相手を挑発するようなポーズをとってやろうと思ったことはなかったのだろうか。

「それはまったくないですね」

そんな冷静さを保ち続けた松井とは対照的に、五つ目の敬遠の直後、星稜応援団で埋まったレフトスタンドの一部がついに暴発した。怒号とともに、メガフォンやゴミがグラウンドに次々と投げ込まれ、試合が一時中断する。

物を投げ込んだのはレフトスタンドの観客だけではない。一塁を守っていた岡村の前にも凍った缶ビールが飛んできた。

「五〇〇ミリリットルのやつですよ。ベースの前あたりに。さすがにビビりましたね。でも、あのシーンは最高でしたね。けっこう興奮してましたよ」

現場にいちばん近いところ、レフトの守備についていた加用にはさすがにそんな余裕はなかった。

「第五打席、一球ボールになった時点で、『うぉーっ』てなってたんです。『そこの（背番号）11番、殺すぞぉー！』とか。やばいと思いましたよ。それからはもう、ザワザワ、

ザワザワ、すごいんです。なんかあるなと思ってチラチラ見てたら、ぽーん、ぽーんって何人かがメガフォンを投げ込んできた。そうしたら一気にぶわーってきたんです。ジュースの紙パックとか、オロナミンCの空き瓶とかもあったかな。怖くてラインの方には、よういかんかったですよ。ただ、アルプススタンドの脇で、次の試合だった天理《てんり》の応援団が待機してたんですけど、その人たちが『気にすんなよー』って励ましてくれたんです」

しばらくすると、三塁側ベンチから星稜のメンバーが駆けてきた。加用は続ける。

「星稜の選手がきて、メガフォンとかをひろいだしたんで、僕も、ひろいました。そうしたらキャッチャーの人が……名前、忘れたんですけど、ごめんな、って言ってきてくれて。ホッとしましたね。怒ってるんじゃないかなって思ってましたから。でも結局、僕は三つ、四つしかひろってません。審判の人に君は向こうに行ってなさい、って言われたんで」

加用は事態が収拾するまでセンターの位置で待機していた。加用が言う「キャッチャーの人」もそのときのことを覚えていた。北村が思い起こす。

「自分、けっこう、しゃべってましたもん。彼、『監督の指示なんで、すいません』とか言ってたんですよ」

殺気立っていたのは明徳の応援席も同じだった。県大会のときは控え投手としてベンチ入りしていた北村裕二《ゆうじ》は言う。

「みんな興奮してきて、俺らもメガフォン投げるか、って。向こうが誰かひとりでもネットを越えたら、俺らも行くぞ、って感じでしたね。なんか、戦争みたいな気持ちになってました。でも、そんな中、松井はずっと感情殺してたじゃないですか。すっげー、って思いましたね。俺らはほんとにガキだなあーって」

その間、一塁ベース上の松井は、気を付けの姿勢をとり、うつむいたまましばらく目を閉じていた。

「ただ、次に打って欲しいって祈ってましたね。まあ、月岩にお願いするよりも、神様にお願いしてましたけどね。ハハハハハハ。あいつ、最後の方、顔、真っ青でしたから。顔に表情がなかったですもん」

そんな松井のいちばん近くにいた一塁手の岡村は、「瞑想《めいそう》してるのかな」と思っていたという。

「目、つむってたでしょう？　やっぱ松井は違うなーって。ただ、四打席目あたりから、かなりきてましたね。イライラっと」

松井の腹の中は本当のところはどうだったのだろうか。

これが松井の心の声だったのだ、そう思った瞬間がある。たまたま佐賀西《さがにし》高校の取材に訪れたときのことだ。監督の内田努《つとむ》も、高校時代、佐賀県大会の三回戦で四打席敬遠された経験があった。

「なんで打たせてくれんか！　って。この日のために何千回、何万回スイングしてきたと思うか！　って、心の中で叫んでましたよ。大学で野球をやったのも、このときの失われた四打席を埋めたいと思ったからですしね」

　松井の中にも、それに似た思いがあったのではないだろうか。

　それこそ、中学生のとき、相手をにらみつけ、バットを叩きつけたときと同じような感情が――。


　根上中でコーチをしていた高桑充裕は、そのときの松井の様子を鮮明に記憶していた。

「二年の秋でしたね。中学でキャッチャーが立ち上がって敬遠するなんてことはまずないんですけど、そのときは立ち上がったんです。前の打席で松井が長打を打ってたんですよ。確か、二、三塁だったですかね。本人も最初はなんで立ってるのかわからなかったみたいです。だから、一球目、二球目あたりはスクイズを警戒してウエストしてきてるのかなって感じだったんです」

　ところが3ボールになった瞬間だった。自分が勝負を避けられていることにようやく気づいた松井は投手をぐいっとにらみつけた。そこまでは一球一球監督のサインを見ていたのだが、最後の一球のときはもう見ていなかった。

「まあ、ピッチャーをにらみつけたまま一塁に歩いていくぐらいならよかったんですよ。彼も四番ですから、それなりの責任感もあったでしょうし。それが四球目が外れたとき、ピッチャーをにらみつけながらバットをバーンと下に叩きつけたんです。それ見て、僕はベンチを飛び出したんです」

高桑は、一塁に向かおうとする松井の襟元を左手で引っ張って、こっちを向いた瞬間に空いている方の手で平手打ちを食らわせた。

「なんやその態度は！　おまえはそんなに偉いんかぁ！」

思わず手を上げた理由を高桑はこう説明する。

「道具を大切にしろってことはいつも話していたことだったんです。だから『打者にとって、命の次に大事なバットを粗末に扱うとは何事だぁー！』ってね。あのときは僕もかなり熱くなりましたね」

松井があの試合、五回も勝負を避けられながらも悠然とした態度を貫けたのは、ひとつにはこのときのことがあったからだった。

そしてもうひとつはこう思うのだ。松井は「常に打つ準備をしていた」と話していた。だったらと思い、こんな質問をしてみた。

「ちょっと前に詰めて打ってやろうとかは考えなかったんですか？」

するとく「それはない」と言下に否定した。

「自分のいつもやってることを崩してまで、どうたらこうたらってのは」

松井のプライドを感じた。自分がいつもやっていることを崩すこと、松井にとってはそれこそ屈辱以外の何物でもなかったのだ。

一回目のインタビューのとき、松井は自分がいかに平常心を保っていたかをしきりに強調していた。

「怒りの感情はぜんぜんなかった。ただ勝ちたい、それだけでしたね」

「敬遠されてもぜんぜん悔しくなかった。他の人が打ってくれると思ってましたし」

「自分が打てる打てないなんてどうでもいいんですよ。試合に勝ちゃ」

そのときは、松井はやっぱり超然としているんだな、そう思った。ただ、その一方で異物を無理に飲み込んでしまったかのような気持ち悪さも残っていた。

そうしたら、二度目のインタビューをする前に、こんな記事を見つけた。「静かなる誓い・巨人入団を前に」と題されたその一問一答式のインタビュー記事は、『Ｓｐｏｒｔｓ　Ｇｒａｐｈｉｃ　Ｎｕｍｂｅｒベスト・セレクションⅣ』（文藝春秋）という本の中に収録されていた。

五敬遠のときの話題となり、インタビュアーの「やっぱり、松井君自身も怒ってた」という質問に対し松井はこう答えている。

《怒ってましたよ。ただ表に出さないだけで。本当は燃えてましたよ。ストライク投げろ、打たせろ、と。自分たちが勝てないのは気が優しすぎるからですよ。絶対そうです。監督もね。土地柄もあると思いますけど、性格がトンガったヤツはいないんですね》

内田の「何で打たせてくれんか！」という叫びと重なった。やっぱりそうだったのか、と。

この頃の松井は、こんなにも率直に心のうちを吐露していたのだ。二度目のインタビューのとき、松井の前でこのコメントを声に出して読み上げてみた。当時の松井さんはこんな風に話していたんですね、と。すると、

「そうかもしれないですね。でも、それは本心は本心だったんでしょうね。感情は出さないまでも、自分の中ではいろんなことを思ってますよ、それはね。しょうがないと思いながらも、打ちたいと思いますし」

まるで、他人のことを話しているかのような口ぶりだった。

プロに入り、松井は高校時代にも増して冷静に振舞うようになっていた。いや、冷静さを装うようになった。それはこのように昔の感情を「偽証」していたことからもうかがえる。

ただ、そう振舞えば振舞うほど、それとは対極の感情がにじみ出ているのを感じずにはいられない。

「そうでしょうね、成分的にはそういう部分の方が多いんじゃないですか。だから意識して出さないようにしている。両極でバランスをとるようにしてるんだと思います。勝利に対する強い気持ちだとか、ボールに対する執着心とかは誰にも負けないと思ってますから」

人一倍の野性を、人一倍の理性で御しているのだ。

中学生のころ、バットを叩きつけた松井は、今も松井の中に確実に生きている。

星稜はこの試合、結局2—3で敗れた。

バックスタンド前に整列し、あいさつを終えると、松井ら星稜の選手のほとんどは明徳ナインの存在を無視するかのようにそそくさとベンチに引き上げた。

整列時、松井と相対していた明徳の主将、筒井が述懐する。

「普通は、目と目が合って、自然と握手の雰囲気になるんですよ。それが松井の場合はヘルメットをかなり深くかぶっていたんでね。目が見えなかった。だから僕の方も握手にいくきっかけがなかったんです」

星稜の福角は「ムッとしてたんでしょうね」と正直な胸の内を明かす。

「きったねえことしやがって、というのはありましたよ。松井と笑い話をしたことがありますもん。あのときのあいさつを真似《まね》してね」

そう言うと、福角は立ち上がって、あのときのあいさつを再現してくれた。帽子をとりながらお辞儀をし、その頭《こうべ》をたれたままの姿勢で回れ右をした。相手の顔を見たくない、そんなあいさつの仕方だった。

松井は神妙な顔で「わかり合えなかったんでしょうね」とつぶやいていた。

「口裏を合わせていたわけではないんですけどね。だから、みんな同じ気持ちだったんだと思いますよ。みんな気持ちの優しいやつらばっかだったんですけど、あのときはさすがに怒ってた。みんなね」

松井に、もし明徳の選手に会う機会があったとしたら何か聞きたいことはあるかと聞くと、ずいぶんと長い時間考えたあとこう答えた。

「……高校時代、楽しかったのかどうか聞いてみたいですね。どういう三年間を送ってたのか。僕ら、すごい楽しかったもん、高校三年間。野球の練習は辛かったですけど、学校とか、それ以外の生活が楽しかった。馬鹿話したり。彼らは全寮制でしょう？　大変そうですよね。彼らに喜びはあったのかな」

松井は、「野球の質が違った」、そんな表現を何度も使っていた。端的にいえば、敬遠を「是」とするチームと、敬遠を「否」とするチームの違い。

星稜サイドは後者だった。松井は敬遠についてはこう語っていた。

「僕はベンチから敬遠の指示が出たら、『まあ、しょうがない』って言ったと思いますよ。哲治（＝山口）は嫌がったでしょうけど」

「もし、投手だったら？」

「それが監督の判断だったら仕方がない。だから、彼らも仕方なかったんですよ」

さらに「監督だったら？」と畳みかけると、初めて声のトーンが変わった。

「おそらく僕はそこまでしないと思います。やったことないからわからないですけど、あくまで仮定の話ですけど、そこまでは……できない。そこまで勝負に徹せられるほどのものは持てない。高校野球だったらね」

意地悪ついでに「プロの監督だったら？」と尋ねてみる。

「それでも、あからさまな敬遠はできないでしょう。ファンをもっと意識しますし。ファン、怒っちゃいますよ。あんなことしたらね。だからといって馬淵さんの野球を批判しているわけじゃないですよ。むしろ、あんなことしてもらって、ホームランを二、三本打つよりよっぽどインパクトあったでしょう。よくぞ敬遠してくれましたよ」

松井の野球観、星稜の野球観は透明だった。

だが、それは馬淵をはじめとする明徳にも言えた。星稜に劣らない透き通った部分があった。山口がこんな言い方をしていた。

「あいつらは真っ直ぐなんですよ。キャッチャーなんて生き生きしてたでしょう。ボール捕ったらすぐ返して。ただ監督のいうこと聞いてただけかもしれないですけど。そういう面ではあいつらは純なんですよ」

両校の野球観の違いの背景にあったもの。それは、野球に純粋だったのか、勝負に純粋だったのか、その違いだった。

二〇〇四年二月――。あれから一〇年以上もの歳月が経過していた。

松井は、ニューヨーク・ヤンキースの一員として、フロリダ州タンパで二度目のスプリングキャンプを迎えていた。

高校時代は、身長一八五センチ、体重八五キロだった体も、それぞれ一八六センチ、一〇三キロとひと回り大きくなった。上半身は、ゆったりとしたユニフォームの上からでも筋肉が盛り上がっているさまがはっきりと見てとれる。大きなお尻と、ぱんぱんに張った太ももは、並み居るメジャーリーガーの中でも一際《ひときわ》たくましい。

この名門チームでプレーできる確率というのはどれぐらいのものなのだろう。しかも日本の片田舎で野球を始めたとして。考えただけでも気が遠くなる。しかも松井は先発の九人の中に入っていた。

グラウンドではシートノックが行われていた。

三塁後方に高いフライが打ち上げられた。すると、そのボールを三塁手のアレックス・ロドリゲスと遊撃手のデレック・ジーターが追い、そこにレフトの松井が突っ込んでくる。松井は今、こんなところでプレーしているのだ。

松井は「高校生らしさ」ということについてこんな風に語っていた。

「強い者がいたら逃げればなんとかなるんだというのは、あんまり勧められることではないと思いますね。それよりも、それをどうやって抑えればいいのかと。われわれは終わってからの人生に役立つように野球をやってるわけだから」

――プロになり、何よりも勝つことが優先されるようになったら？

「いや、高校のときだって、まず勝ちたいと思ってやってたんですよ。でも度合ってものがある。行き過ぎてまで勝ちたいかっていったら……それはちょっとわからない。野球に対する哲学的なものを超えてまでは勝ちたいとは思えないかもしれないね」

結局、松井の根幹の部分、代替の利かないスピリットのようなものは高校時代となんら変わっていない。野球に純粋であろうとする態度。野球を裏切るまいとする態度。

松井は巨人時代、シーズン終盤、自軍の投手たちが松井と本塁打争いをしているライバルたちを敬遠するのを眺めながら、「勝負しろよ」、そう思っていた。

「日本のプロ野球がああいう（タイトル争いにからむ四球の）歴史をつくってしまった。だから、しょうがないんですけど、僕は納得してなかったですよ。個人にタイトルを取らせるためにああいうことをするのは。野球はそういうスポーツではない」

レフトでノックを受ける松井の右横に目を移すと、そこにはシカゴ・カブスから移籍してきたセンターのケニー・ロフトンがいた。その隣、ライトはゲーリー・シェフィールド。外野には、この他にもオフに盲腸の手術をし療養中のためいないがバーニー・ウイリアムスもいる。内野に目を戻すと、一塁にはジェイソン・ジアンビー、捕手はホルヘ・ポサダ。そうそうたる顔ぶれだ。

「レジェンズ・フィールド」とは、実にうまくつけたものだ。ヤンキースのキャンプ地にある、この球場のネーミングである。

伝説球場――。

まさに伝説の作り手のみが足を踏み入れることを許された地。

一九九二年夏、松井は、ある意味で「伝説」に先を越されてしまった。自分の力ではなく、周りの人間によって勝手につくり上げられてしまったのだから。しかし今、松井はその「伝説」をすでに追い越していた。松井はあのビデオはアメリカにまでは持ってきていない。それはそのことと無縁ではないような気がする。高校時代は、そして五敬遠は、松井の中で完全に過去の出来事になっていた。

第五章　挫　折

薄々だが、そういうことなんだろうな、と勘づいてはいた。

この試合に関しての資料は、おそらくこれ以上はないだろうというぐらいに集めた。だが、試合翌日の新聞以外、星稜の五番打者だった月岩信成のコメントがまったく見当たらなかったのだ。

二〇〇三年のゴールデンウィーク——。松井がヤンキース一年目のシーズンを迎えたばかりの頃だった。地元の英雄の新たな船出に心なしか浮つき気味だった金沢の居酒屋で、捕手だった北村宣能と、ライトを守っていた奥成悟に会っていた。当初の予定では、その二人が月岩も引っ張り出してくれているはずだったのだが、それはかなわなかった。ビールのジョッキがくる前にまずは二人の言い分に耳を傾けていた。奥成が切り出した。

「月岩、難しいですよ。あいつ、つかまらない。無理」

北村が応じる。

「彼の中では、あのことについては語りたくないんだ、というのがあって。母親にも、取材の電話は全部断れ、って言ってるらしくて。もうそろそろ、ええやろ、って思うんですけどね。俺らが思っている以上に……」

「ナーバスになってるよな。あいつ、プライド高過ぎんだよ。中学までは能登《のと》ではいちばんの選手だったから」

「持ち上げてやらんといかん」

「大学もすぐ辞めちゃって。そういうのもあって話したくないんじゃないですかね。辞めた理由も話さないし。それからのことも、俺たち、ほとんど知らされてないんですよ」

とりわけ仲がよかったという彼らの代、二二名は卒業後、松井がアメリカに行く前までは毎年欠かさず新年会を開いていた。年明け早々に県内の小さな温泉町に宿を取り、一泊二日でドンチャン騒ぎをするのだ。毎年、松井を含む一五人前後が出席していたが、月岩はこの前年からようやく参加するようになったばかりだった。

結局、その席で北村が月岩に再度、電話をかけてくれた。そして僕が直接交渉した。ひとまず明日、そちらに向かうので、話をするしないは別として、とにかく会ってもらえないだろうか、と。すると案外簡単に了承してくれた。

翌日の昼過ぎ、金沢から電車で一時間ほどかけて能登半島の七尾《ななお》を訪れた。駅前はいかにも北陸の小さな漁師町といった風情だった。予定の時間よりもだいぶ早く着いてしまったのでそばにあったミスタードーナツに入り、その年初めてとなるアイスコーヒーを注文した。

当時の選手の中で、松井は別格として、その頃の体型を維持していた人となると、二年前まで社会人野球でプレーを続けていた明徳の筒井健一ぐらいしか思い浮かばない。それ以外はみな二割から三割増しになっていた。

月岩の「貫禄《かんろく》」も例外ではなかった。高校当時、身長一八一センチ、体重七一キロだったという体型は、身長はそのままに体重だけ九一キロに増えていた。本人も「飲み代だけで、家一軒建つんじゃないですか」と冗談とも本気ともつかないようなことを言っていた。相当な「飲《の》ん兵衛《べえ》」のようだった。ただ、もともと背が高く痩せ形だっただけに、それだけぜい肉がついたとはいえ、さほど不格好でもない。

馴染みの寿司《すし》屋に連れて行ってくれた月岩は、「食べると飲んじゃうから」と料理も酒も抑えつつ、カウンター席で頼りない記憶を少しずつ呼び起こした。

「最近ですかね、あのときのことを普通に話せるようになったのは。取材受けたのも、初めてなんで、本当に。これまでは頑《かたく》なに断り続けてきたんです。夏になると決まって何件かくるんですけどね。忘れたいというのもあって。だから、ほとんど記憶がないんです。自分の弱さを認めるのが嫌だから、自分で思い出すことをやめてたんだと思います。『僕はこんなんじゃない』、そう思いながら試合が進んでいったのはなんとなく覚えてるんですけど……」

星稜を卒業した後、「政治経済の教師になるのが夢だった」という月岩は大阪経済大学に進むはずだった。だが四月を迎える前に自ら御破算にしてしまった。

「入学前から野球部の練習に参加してたんですけど、そのときに嫌になっちゃったんです。先輩に、おまえが打ってれば勝ったのにな、みたいなことを散々言われて。もちろん、冗談で言ってるんですよ。それはわかってたんですけどね……。でもボク的には応えるところがあって」

そんな軽いやり合いから発生したもつれの中で、ある先輩にまだ中味が残っているコーラの缶を投げつけられたことがあった。その仕打ちに堪え切れなかった月岩は思わず手をあげてしまった。それが決定打となった。

「練習は一〇日間持ったか持たないかぐらいでしたね。結局、それで大学に行くのも嫌になってしまって。父親にはものすごく怒られましたよ。入学金とか、もう百何十万も払ってましたから。でも、まあもういいや、って。高校で甲子園も出れたし、って」

当時、星稜のコーチを務めていた岡部博英《ひろひで》は、月岩から相談の電話を受けていた。というよりは「決意表明」といった方が正確か。月岩らの代と六歳しか離れていない岡部は、選手たちの兄貴分的な存在だった。

「泣きながら電話がかかってきて、『もうやってられません』って。我慢できんのか、って聞いたら、『できそうにないです』と。まあ、そら、おまえが打ってれば……ぐらいのことは言われますよね。特に関西の学校ですし。でも河野なんかも似たようなこと言われてるでしょう。でも、あいつは乗り越えた。レギュラーの中では、月岩がいちばんやさしいというか、言ってみればマイナス思考が強いタイプの選手でしたからね」

　関西大に進学していた明徳の筒井は、大学一年の四月、じつは月岩を訪ねている。

「大経大は関大のすぐ隣なんですよ。でも行ったら、もう辞めたっていうから、やっぱり、なんかあったのかなと。彼がいちばん辛い思いをしてたでしょうからね。会って、飯でも食いたかったんですけどね。野球、続けて欲しかったですね」

　七尾で生まれ育った月岩が地元の野球チームに入ったのは小学三年生のときだった。小学校時代は「エース、四番、主将」、中学校時代は「ショート、四番、主将」と、常にチームの中心選手だった。そんな月岩は親や担任の反対を押し切って星稜進学を決めた。

「幼稚園の頃から、プロ野球選手ではなく、甲子園に行くことが夢だったんです。能登と金沢ではぜんぜんレベルが違う。能登の高校で甲子園に行くのは一〇〇％無理。あわよくばもない（二〇〇九年夏に、日本航空石川が能登から甲子園初出場を果たす）。それにあの頃はお山の大将でしたからね。でも星稜に入って、それが一気に覆されました。松井なんて、あの風格、どう考えたって先輩でしょう。最初、よろしくお願いします、ってあいさつしちゃいましたもん。打撃練習を見てたら、レフト、センター、ライトと打ち分けながら、一〇本中六、七本がホームランなんですよ。ここではレギュラーになれないと思いましたね」

だが、松井はあくまで別格だった。あの試合で三本のヒットを打ち、チーム内で松井と並び一目置かれる存在だったエースで三番の山口哲治は月岩の能力を認めていた。

「打撃センスっていうことでいったら、自分の名前を入れるのもなんですけど、松井、自分、月岩の順でしょうね。だから打順についていろいろ言われましたけど、あれであってますね、という見方もできる」

高校時代よりふっくらした感のある山口は、その物腰からして相当な野球センスがあったことをうかがわせた。小さい頃から何か秀でていた選手というのは自信の蓄積が違うせいだろう、その口振りや態度が妙に落ち着いている。山口は現役時代、あの松井に対してでさえライバル心を抱いていた。

「すごいなとは思ってましたけど、やっぱり負けたくないですからね」

だがプロ入り一〇年目、東京ドーム最終戦の最後の打席で、メモリアルとなるシーズン五〇本目の本塁打を放った松井の姿を見て、思いを改めた。

「あの瞬間、コイツは遥か彼方《かなた》にいってしまったなと思いましたね」

相手は球界を代表するストッパーに成長しつつあったヤクルトの豪腕、五十嵐亮太《いがらしりょうた》だった。打った球は一五〇キロの真っ直ぐ。まさに力対力の勝負で、松井が五十嵐を粉砕した形となった。

「ぞくぞくってしましたもん。自分だったらあの場面、セカンドゴロでしょう。四九本どまり。清原もそういうタイプですよ。あそこで打てるのは、そういう星のもとに生まれてるってこと。高校のデビュー戦でも、アイツ、打ってるんですよ。2ストライクから外のボールをちょこんと当てて。『カットしたらホームランになっちゃった』って。あのときも、コイツはすごいんや、って思いましたけどね」

山口は、高校卒業後は社会人野球の神戸製鋼でプレーしていたが、肩の故障で思うようなプレーができないまま八年で現役を引退。今は社業に専念している。

山口の評価を伝えると「めちゃめちゃ嬉《うれ》しいですね」と大喜びしていた月岩は、試合に出場したのも同期の中では三番目に早かった。松井、山口に次いで、一年秋からスタメンに名を連ねるようになる。打順は七番か八番、ポジションは二塁だった。そのチームは秋の北信越大会でいきなり四強入り。あと一勝していれば春の選抜大会も当確というところまで勝ち進んだ。ところが、一年生の終わり、月岩は「退部騒動」を起こしている。

明徳の馬淵は既述の通りだが、星稜の監督の山下智茂も、野球への偏愛ぶりという点では人後に落ちない。指導法も当然のことながら苛烈だった。昔の山下をよく知る人物は「手足どころか、それ以上のものがあれば、それも出そうというぐらいの雰囲気だった」と話す。月岩は退部を決意した経緯をこう語る。

「山下監督は基本的には何でも体で覚えろというタイプですからね。守備でも、打って、打って、打って、という感じ。二メートルの近距離でノックされたり。倒れたら、立ち上がるまで打ってきますからね。僕なんかは一年生のときは、『ヘタ！』、『帰れ！』、ばっかりですよ。あの頃はまだ普通に殴られてましたからね。昔の映像なんて、顔、怖すぎて見れないですもん。精神的にやられて、しょっちゅう胃液を吐いてて……」

山口が言うように強いて順番に並べれば、松井、山口、月岩の順だったのかもしれない。だが山口と月岩の間には明確なラインが一本引かれていた。月岩が口をとがらす。

「松井と哲治は怒られたことないでしょう。別格扱いでしたから。僕らはいつもビクビクしてましたけど、二人はぜんぜん気にしてなかった。松井は、一度、練習をボイコットしたこともあるんですから。もともとは、自分さえよければいい、みたいなタイプですからね。ただ、あれだけの才能で、あれだけ努力されたら、誰も何も言えない。だから福角が副キャプテンなんです。山口も松井とは違いますけど、我が道を行くタイプ。最初は福角が副キャプテンだったんですけど、最終的には哲治が副キャプテンになったんです」

山口の結婚式で松井は「星稜は、山口と僕以外は、その他という感じでした」とスピーチし場内の笑いを誘ったという。冗談というオブラートで包んではいるものの、中味は事実だった。

月岩はこんなことまで明かしていた。

「僕らが必死こいて練習しているときに、山下さん、『松井と山口は病院いけよー』って。それで二人だけマッサージを受けにいっちゃうんですよ」

月岩の愚痴をそのまま山口に伝えたら、声を出して笑っていた。

「僕と松井は確かにかわいがられていましたね。だからというわけでもないんですけど、かなり好き勝手やってた。松井なんて、室内練習場で練習してたら、それを先輩に邪魔されたって、監督にちくってましたから。僕らが大事にされていた反面、いじめられていたのが月岩、福角、北村あたりです」

そんな不名誉なトリオのうちのひとり、福角は思い出す。

「もうボロクソでしたよ。這《は》いつくばらされて、土食わされながらやってるような感じでしたから。でも僕はそれでも向かっていきましたからね」

そう誇らしげに言って、「やっぱ、ここですよ」と、胸を叩いた。

「月岩が足りなかったのはそこじゃないですか。すぐ辞めるなんて言ってみたりね。センスはすごかった。足も速いし、ホームランも打てる。練習にこなくなったとき、山下監督が説得しに行ったぐらいですから。僕が五番だったら……どうでしょうね。怖い気もするけど、開き直れたような気もしますね」

退部騒動はあっけなく収束した。月岩は、下宿先にやってきた山下の顔を見たら「怖くて辞めるって言えなくなった」と野球部に復帰せざるをえなくなってしまったのだ。

高校二年の秋、月岩らの代が最上級生になってからは、松井以降の打順は、これまで通り月岩と、それから福角、奥成悟を加えた三人が固めることになった。月岩は「三人合わせて五番打者みたいな感じだった」と話す。

いろいろな組み合わせが試されたが、最終的には、五番に奥成が座り、六番と七番のどちらかを月岩と福角がそれぞれ任される、そんなラインアップに落ち着くことが多かった。このスタイルで、秋の北信越大会、続く神宮大会を制し、翌春の選抜大会ではベスト8入りを果たしている。

ところがあの年の夏だけは少し違っていた。二年生の一番・清水雄一が調子を落としていたこともあり、代わりに奥成が一番に起用されるケースが増えていた。結果、月岩が五番に昇格。この組み合わせも見事に機能した。そのため、復調した清水が一番を打つときも、五番・月岩は不動になっていた。

この新オーダーで石川県大会は、準々決勝までの三試合でコールド勝ちを収めるなど、他チームを圧倒。月岩の打率も・四三八と、松井の・六一五に次ぐ成績を残していた。

月岩が補足する。

「僕は五番であって五番でないような存在だった。松井が出ることが多かったので、エンドランとか、セーフティ（バント）が多くて。そういうの、得意な方でしたしね。それで六番・福角、七番・奥成で勝負するというような。だからこの打線はダブルクリーンアップのような、そんな組み方だと思っていたんです」

月岩の五番はいわば「つなぎ役」でもあった。だが、あの試合では、月岩は初めて本来の五番としての役割、走者を還《かえ》すことだけを求められた。

月岩は、松井が歩かされる可能性について、ほとんど注意を払っていなかったと述懐する。

「それまでもけっこうあったのに、何でですかね……。自分のことでいっぱいいっぱいだったんですかね。それに、敬遠があっても、あそこまでしてくるとは普通、思わないじゃないですか」

敬遠に対する警戒だけでなく、そもそものデータ不足を指摘していたのは奥成だった。

「試合前のミーティングのとき、いつもだったら一番から九番まで詳しくやるんですよ。でもあのときは明徳のデータが集まらなかったんです。ニュース番組のときの短い映像ぐらいしかなくて。だからいつもよりは少し不安でしたね」

それからどういうわけか星稜の選手たちがよく覚えていたのが、明徳の「黒いカッパ」だった。奥成が眉間にしわを寄せる。

「試合前のアップをしているとき、長袖の黒いカッパ（ポリウレタン製の薄手の防寒着）を着てたんです。俺らなんか、半袖で汗だくなのに、それを着て平気な顔をしてアップをしてた。その雰囲気が異様だったんですよね」

山口も同じような印象を抱いていた。

「黒のビニール製の上着を着て、ぞろ、ぞろ、ぞろ、って走ってたんですよね。強豪というよりは、なんか不気味な感じがあった」

一回表、松井が歩かされ、2アウト一、三塁の場面で回ってきた月岩の第一打席。月岩は外の変化球を二球続けられた後（1ボール・1ストライク）、インサイドの直球に詰まらされ三塁ゴロに倒れている。まさに馬淵の「インコースの真っ直ぐと、外のカーブさえ投げていれば打たれる確率は低い」という読み通りの配球だった。

だが月岩の中でこの打席の記憶は完全に抜け落ちていた。

「覚えているのはこの後の打席と、最後の打席ぐらいなんです。それ以外はほとんど真っ白に近い。思い出せるもんなら思い出したいぐらいですよ」

この後の打席、第二打席が「色」を残しているのには理由がある。

三回表、月岩は、今度は1アウト満塁の場面で打席に立った。そして、内の真っ直ぐ（ストライク）、外のスライダー（ボール）、内の真っ直ぐ（ボール）でカウントは2ボール・1ストライク。そのときだった。

星稜ベンチの山下は、胸、左ヒジ、胸、ベルトと四ヶ所を触った。そして最後に相手を欺くために「打て」のゼスチャーをして、サインを締めた。

「嫌です、みたいな意思表示をしたと思うんですけどね。一度、打席を外して。打たせて欲しかったんです。自信もあったし。こんなに早い回でのスクイズというのは信じられなかった。しかも満塁じゃないですか。それまでも、セーフティとかはありましたけど、スクイズは初めてだったんじゃないかな……」

山口もこのときの山下の采配には首を傾《かし》げていた。

「普段のうちなら、あそこはスクイズじゃない。ランナーも詰まってますし。でも、うちが先制されたことって、あの夏、初めてだったんじゃないですか。だから山下さんも焦ったんでしょうね。監督の焦りが、選手にうつっている、そういう試合だった。だって、相手は普通のピッチャーですからね。変化球で誤魔化して投げてるだけ。スタンドもうちの味方でしたからね。僕はそれが力になった。そういう意味でも有利だったはずなんですけどね」

いつもと違う星稜——。山口同様、一歩引いたところから試合を眺めることができていた松井も、それは感じていた。

「敗因は全員が普段通りできなかったということ。それ以外ないでしょう。そうさせることが明徳のもともとのねらいだったんでしょうけどね」

月岩は、昔に戻ったかのように、うなだれていた。

「なんてことないピッチャーだった。言っちゃ悪いけど、今まで対戦した投手の中でも下の方。自分自身のバッティングさえできれば……」

それだけに一層、スクイズのリインは鋭い刃《やいば》となって月岩を傷つけた。

「今も軟式野球をやってるんですけど、満塁で打席が回ってくるとドキドキしてきて、代えてくれ、って叫びたくなるんですよね。あのときのスクイズのイメージがよぎって……。今考えても、よくあのときバットにボール当たったなと思いますよ」

月岩は、一塁側にうまく転がし、星稜は1―2と一点差に詰め寄った。

試合前、「ここまで極端な敬遠策は予測してなかった」と語っていたのは、月岩の後を打つ福角も同じだった。だが、福角はこのときすでに察知しつつあった。

「なんとなくでしたけどね、二打席目の敬遠で、あ、今日はもう松井勝負はないなと思ったんですよ。だから、あのあとの打席、完全に力んじゃってるんです」

月岩のスクイズで一点を挙げ、なおも2アウト二、三塁という状況で迎えた福角の第二打席は、1ボールからインサイドの真っ直ぐに詰まらされ、三塁ゴロ。まるで第一打席の月岩の再現VTRを観ているかのような攻められ方、そして結末だった。福角は「あんなガチガチな配球で攻められたことなかったんですよ」と話す。

「いつもマークされるのは三番、四番で、僕らは逆に言えばなめられていた。山口、松井はマークされても打つ力はありますからね。彼らが出て、それでノーマークの僕らが打って還すというのがパターンだった。だから馬淵さんは賢いんですよ。マークしても打たれるところとは勝負を避けて、僕らをマークした」

山口もそんな見方に同調する。

「戦略勝ちでしょう。松井を打たせたら、このチームは盛り上がるというのがわかってたんですよ。松井が一本打ったら、周りも引きずられて打つ、たぶんそこまで読んでたんでしょうね。そんな監督だから甲子園でも優勝できるんですよ」

敬遠に関して山口は「自分が同じ立場だったら、いやじゃ、とか言ってるでしょうね」と話すが、このときの馬淵の作戦については理解を示す。

「なんとも思わなかったといったら嘘ですけど、悪いことをやってるとは思ってなかった。松井も五回とも打つわけじゃないですから、うちとしてはチャンスなんですよ。後が打ったらしまいやな、と。だからチームメイトが歯がゆかったですよ。この前、馬淵さんのドキュメンタリー番組を観たんですけど、やっぱりすごい人だと思いましたね。勝負の世界は勝たな意味がないって。あれは正解です。うちは監督もそうですけど、みんな人がよ過ぎる。星稜は、いってみたら、化かし合いに負けたんですよ」

奥成が話すように「何を言っても負け犬の遠吠えになるだけ」という理由もあるのだろうが、星稜の選手の中で恨み節をこぼすような選手は一人もいなかった。

福角もそうだった。新聞記者となった福角は、これまで主にプロ野球を担当してきた。

「結局、後ろが打てなかったのが悪かったんですから。清原（和博）さんに言われたことありますもん。ＰＬやったらボコボコにしとるでえ、って。何点入ってるかわからへんぞ、って」

福角は、あの試合の後に馬淵と言葉を交したことがある。

「報知新聞に入社した一年目のとき、夏の甲子園の抽選会に取材に行って名刺を渡したことがあるんです。そうしたら、『いやあ、あのときは悪いことしたな、すまん』って。右手をパッと出してきてくれて。いっかい高知に遊びにこいよ、飲みに行こうよ、って言ってくれたんです。いいおっちゃんだなって。もっと意地悪な人かと思ってたんで」

そのときのことは馬淵も記憶にとどめていた。

「おうた、おうた。でも、『悪かったなあ』いうのは、敬遠して悪かったなという意味じゃなかったんやで。ああいう騒ぎになってね、悪かったな、って。もちろん、あとを打ったバッターにはかわいそうな思いをさせたな、いうのはありますよ」

松井の敬遠後の打席ということで言うと、六番、七番にかかる負荷はそれぞれ二打席ぶんで済んだ。それに比べ、月岩には全五打席がのしかかってきていた。

二打席目のスクイズで心を乱された月岩は依然として明徳の意図を読み切れずにいた。第三打席、1アウト一塁の場面、今度は松井本人が「今日は勝負されないんだろうな」と悟ったという三つ目の敬遠でさえ、こんな風にとらえていた。

「くさいところをついて、最悪、歩かせてもいいということだったんだろうな、と」

この打席、捕手の青木はほぼ立ち上がりかけながら捕球しているというのに、だ。

「だから、第四打席（2アウト走者なし）の場面での敬遠はかなりびっくりしたんですよ。えっ！　て。素振りをしてて、最初の何球か見てなかった。そうしたら思いっ切り外してて。あそこで完全にパニクってしまいましたね。帝京のときは、勝負しにきてる中での敬遠だったから、まだよかったんですよ。でもこれだけあからさまにやられると、やっぱりプレッシャーのかかり方が違いますもん」

月岩の四度目の打席は、カウント1ボール・1ストライクから、またしてもインサイドの真っ直ぐに詰まらされ、浅めの平凡なレフトフライ。月岩の中に、奥成が「途中からみんな星稜を応援してくれて、阪神の選手になったみたいな気分だった」という地の利を感じる余裕はまったくなかった。

「かっこ悪いんで、こんなことあんまり言いたくないですけど、第四打席、第五打席は、かなり心に負荷がかかっていたと思います」

九回表、2アウトから山口が三塁打で出塁すると、松井は当然のように五度目の敬遠を受け、2アウト一、三塁。グラウンドにメガフォンなどが大量に投げ込まれ試合が中断したのはその直後だ。

このとき、星稜の選手にゴミを拾いにいかせたのは星稜の部長の野村治夫だった。学生時代は相撲部に所属し野球経験はまったくなかったが、山下の指導法に共感し、山下と二二年間苦楽をともにしてきた熱血漢だった。

「最初、審判にゼスチャーで『OK?』って聞いたらダメって。でも、うちが拾いにいかないと収拾つかないと思ったんで、行くぞ、って、私も選手と一緒に拾いにいったんです。試合終わってから日本高野連の方に褒められましたよ。あれで収まったって」

だが、そんな光景も月岩の視界の中にはまったく入ってこなかった。月岩は中断したことに気づかずにしばらく打席の中で立ち続けていた。

「哲治（＝山口）が打席に立ったときも、正直なところ、打たないで欲しいなという気持ちも半分あったような気がします……。その時点でもう負けですよね。ものが投げ込まれていたのも、このとき、まったくわかってない。完全に放心状態。あとでテレビを観て、え、こんな風になってたんだ、って。点差も一点差ということはわかってましたけど、それが1—2だか、2—3だかはわかってなかった」

三塁走者だった山口は、このときの月岩の様子をこう思い起こす。

「近づいていって、『初球、振れよ！』って何度も叫んでるのに、ぜんぜん聞こえてなかった。あの場面、あいつが『ここで打ったら俺がヒーローや』って思えたら打ててましたよ。今度、あいつにおうたらゆっといてくださいよ。アホかおまえは、って」

月岩の肩を叩きながら「オレに何が何でも回せ！」と活を入れた次打者の福角も、「あいつの唇、紫になってましたから」と回想する。

もっとも、このときばかりはマウンドの河野もさすがに平常心を失っていた。初球、外の真っ直ぐを投じたときに一塁走者の松井が盗塁を決め、二、三塁になった。にもかかわらず、二球目を投げる前、走者のいなくなった一塁方向をチラチラと数度見ている。

「キャッチャーが悪いんですよ。走ったなら走ったって言えばいいのに……」

そんな河野対月岩の五度目の勝負。二球目以降は外のスライダー一辺倒だった。そして2ボール・2ストライクからの五球目。月岩は、完全に腰が引けた状態で、外のスライダーをバットの先っぽにかろうじて当てた。打球は三回バウンドして、力なく三塁手のグラブに収まる。

月岩はすでに一塁にボールが転送されていたにもかかわらず、最後、ヘルメットを前方に飛ばしながらベースへ頭から突っ込んだ。

勢い余って、体半分ほどベースを通り過ぎた。

ちょうど万歳をした格好のまま、月岩はしばらく動けなかった。

右手でつかんだ砂を叩きつけた後、月岩はようやく立ち上がり、列に並んだ。

「整列のとき、松井に肩をポンポンと叩かれたのはなんとなく覚えています。もう試合後は、ずっと泣いてましたね」

試合後の取材の際、松井の次に報道陣が多く集まったのが月岩だった。

「いちばん端の方でずっと泣いてました。ヘッドスライディングしてから、涙、止まらなくて。何て言ったのかな……本当に申し訳ない、僕のせいで、って。それしか言ってないと思います」

福角は、そんな月岩に「誰も声をかけられなかった」と話す。

「帽子を深くかぶってね、前が見えないようにしてた。その感じが凄すぎて、誰も何も言えなかったですね」

月岩も仲間の配慮に気づいた。

「さわらないでおこう、そんな感じでしたね。何か言われたということもほとんどない。話してくれた方が楽だったかも。僕は宿舎に帰ってからも、バリ泣きでした。でも山下さんのミーティングは……感動でしたね」

このときのミーティングの様子が、月岩が貸してくれたあるドキュメンタリー番組のビデオの中に残っていた。半袖短パン姿で、畳敷きの部屋に集まった選手に、どちらかというとサバサバとした表情で山下はこう語りかけていた。

《今まで二五年間、監督やって、その中でもトップのチームだと思う。そういう意味では、みんなに、ねらおうぜ、っていって、乗り込んできたチームやけど、やっぱり、星稜らしく、散ってしまったな。本当にいいチームやった。長い間、ありがとう。なんでも逃げないでな。今日みたいにな。明徳みたいに、逃げるんじゃなくて、堂々と立ち向かって。人生っていうのは卒業してからが勝負やぞ。これからも、この体験を

生かして、人生の勝利者になってほしいと思う》

「やっぱり星稜らしく散ってしまった」、山下がそう優しく笑ったところで、何人かの選手が泣き始めた。この試合の一三年前、一九七九年夏の甲子園。星稜は三回戦で優勝した箕島相手に延長一八回を戦い抜き3―4と敗れている。今でも語り草になっている名勝負だ。そのときに続いて、また負けて有名になってしまった、山下は星稜をそう自ら茶化したのだ。

その日の晩、星稜の選手たちは最後の思い出づくりにと、控え部員も一緒に六甲山に神戸の夜景を観に出かけている。福角はそのとき初めて、ほろっときたという。

「当時は練習がきつくて、早く逃げ出したい気持ちの方が強かった。だから、負けても、ホッとしたようなところがあったんです。いいや、これで彼女とも遊べるし、って。松井も『終わった、終わった』って言ってましたもん。でもみんなで夜景を見てたら、このメンバーではもう野球できないんだな、って。ちょっとさみしくなりましたね」

月岩もこのときはまだ純粋に打てなかったことを悔いていただけだった。だが翌日から押し寄せてきたスポーツ紙の報道をはじめとする、異様なまでに過熱した周囲の状況に不安を覚え始める。

「その日は、そんな大きな問題になる試合だとは思ってなかったんです。でも翌日、新聞とかテレビを見てたら、普通のニュースの中でもでっかく取り上げられてたりして。初めてすごいことなんだな、って。それで、さらにプレッシャーを感じてしまったんです。精神的にきた。忘れたくても、周りはそれを許してくれないのではないか、そんな気がしてきて……」

現場の空気と、それを取り巻く世間の空気。そのギャップは大きかった。明徳ナインもそれは同じだった。センターを守っていた橋本玲の話だ。

「その日の晩、スポーツ番組を観てたら、何かの番組に（明石家《あかしや》）さんまが出てて、『大変なことになりました』とか言ってたんです。でも、最初、それがまさか僕たちのことだとは思わなかったんですよ」

試合後、明徳の宿舎「志ぐれ」の周りは、報道陣が張り込み、また脅迫まがいの電話が相次いだためパトカーが巡回していた。にもかかわらず、選手たちはまだどこか呑気《のんき》に構えていた。

外出は控えるよう言われていたが、補欠部員だった北村裕二はその晩、裏口からこっそり抜けだし、いつものように何人かの選手と宿舎のそばにあった銭湯に出かけている。

「風呂が混むんで、メンバー外はけっこう銭湯を利用してたんです。ただ、その日は、背中に入れ墨をしている人に『どこの高校や？』と聞かれて。明徳です、って言ったら、『汚いチームが入ってきたな』って。ビビりましたね。それで銭湯も行ったらいけないことになったんです」

明徳はこのような状況の中、六日後の三回戦に備えなければならなかった。

星稜ナインがその後、あの試合をどのように消化していったのか。その一端を表すこんなエピソードがある。

秋に行われた体育祭でのことだ。プログラムの中のひとつ、部活対抗リレーは速さを競うことが目的ではないため、各部とも趣向を凝らした衣装等で走るのが通例となっていた。そこで、野球部は明徳をもじり、「暗徳」と黒マジックで大きく書いたTシャツを着てレースに参加したのだ。

この挿話を教えてくれたのは丸井睦だった。丸井は特に野球部と関係が深かったというわけでもないのだが、星稜の応援スタンドの様子が知りたくて話を聞かせてもらっていたのだ。

「松井がバッター役で、北村がキャッチャーをしてて。ピッチャーは福ちゃん（福角）だったかな。それで敬遠の真似ごとをしながらグラウンドを一周したんです。あれを見て、あの試合のことは触れてはいけないことだと思っていたんですけど、選手たちはそんなに気にしてもいなかったのかなって思いましたね。考えすぎだったのかな、って」

月岩もその様子を大笑いしながら観戦していたという。

「B型なんで、あんまり引きずらないタイプではあるんですよ。野球とかも、ぜんぜん普通に観れましたし。弟の野球チームの応援にいったり」

ただ、そのように振舞ってはいたものの、あの日の記憶が遠のいたわけではなかった。手を伸ばせばすぐに届く、そんな場所に止《とど》まったままだった。

体育祭のあと、一一月上旬に野球部で行われた三年生を送る会で、こんなことがあった。会の締めくくりとして、三年生が壇上で一人ずつあいさつをした。先陣を切った主将の松井はこんな話で場の雰囲気を和ませた。

《(ライト側のネットの)左から二本目の柱の上を狙うと、ちょうど監督さんのうちの屋根に当たるんです。(打撃練習で)そこにいったときは、やばい……と思いながらも、腹の中では笑ってました。あえていえばそれがいちばんの思い出です》

だが、その数人後に順番が回ってきた月岩は、やはりあのことが真っ先に口をついて出た。

《試合が終わって、こっちに帰ってきても、他の人に言われることは、あのことばっかりで。自分も、一時は学校に行きたくないなと思ったんですけど、ここでめげていてはダメだと思ったんで……》

頬を震わせながらも笑顔をつくっていたが、合間合間に、涙が落ちないよう軽く上を見たり、下唇をかんだりしていた。最後はこう結んだ。

《あそこで打って、有頂天になっていると……将来のことを考えると、打てなかった方がよかったと思います》

月岩がそのときの心境を語る。

「みんな話の内容が僕に気を使ってくれたみたいで……。誰もあの試合のことを言わないから、結局、自分が言うしかないなって」

他の部員は、必ずしも月岩に気を使っていたわけではあるまい。というよりは、月岩がそう感じてしまうほど、月岩自身が気にしていた。だから、あの試合のビデオも一〇年以上もの間、一度も観たことがなかったのだ。

実は最初に会ったとき、月岩はそういう状態でインタビューを受けていた。それで是非観たいということだったので、後日、ビデオを郵送し、それを観てもらった上で、再度、インタビューを行った。

「うちの母親が、僕が出ていた試合は、テレビもラジオも全部録《と》ってたんです。でも自分が辛かったというのもあるんでしょうね、あの試合のぶんは全部消しちゃった。僕もあの試合での自分を認めたくないというのがあったんでしょうね、観たいとも思わなかった」

松井の月岩評は、極めて的を射ているように感じられた。

「ひと言でいったらお調子者。乗っているときはいいけど、そうでないときはぜんぜんダメ。だから常に乗せてやらないといけないタイプなんです。いいときは、この自信はどこまで行っちゃうんだろ、って感じでしたからね。おまえには負けない、ってよく言われましたもん。だから彼の将来のことを考えたら、打てなくてよかったんじゃないですか。試合後は、彼自身が傷ついた以上に、周りがそういう風に見てしまったことの方がかわいそうだったかな」

確かに、月岩を眺めていると、自分を疑い過ぎる一方で、自分を信じ過ぎてしまう一面もあった。

三年春、選抜大会のときの選手名鑑に、月岩は将来の夢として「何か大きいことをしたい」と記している。また、「自分なんて松井に比べたら微々たる者」と卑下する一方で、突然、真面目な顔をして「あの試合で打ってたら僕がプロに入ってたかもしれませんね」と言ってみたりするのだ。

大学へ入学することを止《や》めたことで、県内の野球関係者の間では「月岩自殺説」が流れた。明徳の選手たちにいたってはもっとひどかった。どこでどう尾ひれがついたのかはわからないが、北村裕二は未だに信じているかのような口調で話していた。

「ヤクザになったっていう風にまわってましたよ」

そして、改めて月岩の心情をこう察した。

「本当に、大変だったね、と言ってあげたい。その子にとっちゃ、ものすごく傷ついたんだと思いますよ」

　だが北村の話はそれだけでは終わらなかった。

「でも、僕も君になりたい、って言いたいですよ。月岩って名前も覚えてもらって。応援団やってた僕の名前なんて誰も知らないでしょう。胸張って、あそこに立てただけで幸せだって、言って欲しいですよね。未だに引きずってるなんていうのは、メンバー外の子への侮辱ですよ。松井もそう。松井も確かに敬遠に耐えた。でも松井が耐えたことがないことを耐えた人もいる。松井は、それ、わかってるんじゃないですか。だから辛かったとかはあんまり言わないんじゃないですか。月岩が悩むことじゃないと思いますよ。そんなことで負けたなんて思ってるやつ、一人もいないでしょう。自分のせいで負けたなんてのは思い上がりですよ」

　大阪経済大を飛び出してしまった月岩は、その後、実家に帰り、地元の建設会社に就職した。その頃からゴルフを始め、一時期は、本気でプロゴルファーを目指したこともある。その会社に三年間勤めた後、今度は料理人になるために金沢へ出て、父親の知り合いが働いていた小さな割烹《かっぽう》料理屋で修業を始める。ところが三年目の年に父親を脳溢《のういっ》血《けつ》で失い、再び七尾に戻ってくる。そして父親のあとを継ぎ、母親とともに、家業の仕出し屋を経営するようになった。

　故郷とともに、もう一つ戻ってきたものがある。

「七尾に二度目に帰ってきたときだから、二四のときですかね。誘われて軟式野球をはじめたんです。これまでは、取材と同じで、ずっと断っていたんですけどね。国体とかに出られる、レベルの高いやつです。そうしたらやっぱり野球が楽しかったことを思い出したんですよ。一九歳のときにゴルフをはじめて、ゴルフの楽しみを覚えたら野球はもういいやって思ってたんですけどね」

やっぱり野球が好きなんだ、それを自分に認めさせることで、少しずつ、あの試合の記憶をたぐり寄せることが苦痛ではなくなってきた。とはいえ、心の奥底では未だに「自分はプレッシャーに弱い人間なのだ」、そう認めてしまうことが怖いのだともいう。

「でも今、いちばんいいたいことは、相手がどうのこうのより、山下監督が最後まで代打を出さずに僕を使ってくれたじゃないですか。ともかく五回のチャンスをくれた。それだけでも僕はすごい幸せ者でしたということです。結果は最低だったけど。相手に恨み辛みは一切ないですよ。勝ってたら言いたい放題だったかもしれませんけどね」

そして、こんな話もできるようになってきた。

「太ったぶん、ボールもよく飛ぶようになって、逆に今では、敬遠される派ですから。だから、わざと次の打者に言ったりするんです、リラックスしていけよと」

「松井の一年目のときのヤンキースタジアムの開幕戦で、松井の前の打者が敬遠されたじゃないですか。あれみたとき、そろそろ俺の気持ちわかっとけよ、って思ったら、初ホームランを打ったんですよね。このあたりが違うんだなとつくづく思いましたね」

ただ、「もっかいできるもんなら」、そんな思いが消えたことがないのも事実だ。ほんの少し、しぼり出すような口調になった。

「何回も考えましたね。終わってから。一億円払って、もっかいできるもんなら、もっかいやりたいって」

月岩が「もっかい」戻りたいと思っている場所、それは言うまでもなく、明徳戦での五つの打席だ。今でも高校時代の夢をよくみるのだという。

「そんなにくわしい夢ではないんですけど、同級生とまだ一緒に野球をやってるんです。やっぱり、戻りたいんですよ。あそこに」

――もう一度、戻れたら、今度は打てそう?

「わからない。一生その答えは出ない。出す気もないし。答え出しちゃうと、つまんなくなっちゃうじゃないですか。あの思い出は、あのまま、ずっと置いておきますよ」

二〇〇五年の冬に、月岩は七尾駅前に「つきのや」という居酒屋をオープンした。

地元では高校野球をはじめいろいろな野球チームから監督の要請があるが、今のところ引き受ける気はないという。

第六章　沈　黙

ひたすら黙る——。それが山下の意思表示らしかった。怒るわけでも、「話したくない」と遮るわけでもなく。

星稜の副校長室。デスクと応接セットで構成されたその部屋の中は〝松井グッズ〟であふれていた。透明なプラスチックケースに収まった松井モデルのグラブ。応接セットの机の上に表紙を上にして一冊ずつ並べてあった松井関連の何冊もの書籍。ショーケースや壁に飾ってあった大小さまざまな松井の写真。ある選手が「半分は趣味の部屋っすよ」と話していたが、まさにそんな趣だった。

話を聞いた当時、山下は副校長であり、まだ監督だった。定年を過ぎた現在は学校を退き、野球部においては名誉監督として関わっている。

山下への取材もすんなりとはいかなかった。事前に手紙で取材の趣旨を伝え、その上で電話をかけた。だが最初は、「いちばん触れられたくないこと」と、丁重ではあるものの、断固たる口調で拒否された。

その何日か後に、もう一度トライしてみた。いま一度、自分の思いをしたためた手紙を送るので、それを読んでから再び返事をいただきたいと。すると、山下はこんな提案をしてきた。

「私の野球観ということでいいのならお話しします」

山下に会ったのは、松井のヤンキース一年目のシーズンオフ、二〇〇三年一二月のことだった。金沢では「弁当を忘れても傘忘れるな」とよく言われる。その言葉通り、その日の金沢も灰色の厚い雲で覆われていた。

山下の野球観の中で敬遠とはどういうものなのか。そんな調子で、少しずつあの試合のことに近づいていった。こじつけもいいところだが、そういう聞き方なら、ルール違反にはならないだろうと考えたのだ。

ところが、まるでセンサーが働くかのように、核心との距離が縮まってくると、山下の口はぴたりと閉じた。

明徳戦の後、インタビュアーにマイクを向けられた山下は終始ムスッとしていた。

「高校野球っすからね。甲子園で男と男の勝負をしてほしかった。そこで何か学ぶと思うんだけどね。逃げてたら僕はいかんなと思うんですけどね。残念ですね。悔いが残ります」

馬淵の試合後のコメント同様、この発言も少なからず波紋を呼んだ。相当数の苦情電話が寄せられたと思い起こすのはコーチだった岡部博英だ。

「『明徳の批判をする前に勝てよ』とか、『あんな打順を組んだのが悪い』とか。それと、『メガフォンを投げ入れるなんてマナーがよくないじゃないか』とか、いろいろあったらしいですよ。五〇〇本ぐらいあったって聞きました」

石川県内の高校のある監督は、試合後の山下のコメントを聞き、「石川県が小さくなったような気がした」と嘆く。

「松井と勝負して欲しかった、というのはちょっとさびしいなと思いましたね。それはギャラリーの考えじゃないですか。きつい言い方かもしれませんが、立場を考えたら、一般ファンと同じことは絶対に言ってはいけないと思うんです。なんか、負けた原因をそこに全部持って行っている気がしたんですよね。松井と勝負してくれてたら星稜は勝ってたよというような」

部屋にあった松井グッズが象徴するように、山下は、松井の指導者であったと同時に最大のファンだったのかもしれない。

山下は「一流選手は一流の道具を使うべき」と、松井には高校時代から、スポーツメーカー・ミズノのグラブ作り名人、坪《つぼ》田《た》信義《のぶよし》の作ったグラブを使わせていた。坪田は、厚生労働省が認定する「現代の名工」であり、黄綬褒章《おうじゅほうしょう》を受章した日本におけるグラブ作りの第一人者だ。イチローをはじめとする日本を代表するプレーヤーが坪田の世話になっている。彼が手がけたグラブを星稜時代に使っていた選手は松井の八年先輩にあたる湯上谷竑志《ゆがみだにひろし》（元ダイエー）など、山下の目にかなったごくわずかな選手だけだ。そこには松井の成長を指導者とはまた別の特別な思いで見守る山下の姿がある。

ファン代表のコメント、そう考えると確かにあの談話は合点がいく。ある監督の話を続ける。

「五打席連続デッドボールだったら、それはいかんというのもわかる。でも馬淵さんは悪いことをしたわけではない。采配は向こうが勝ってるんです。山下さんが、ベンチワークの差です、そう言ったらかっこ良かったんですけどね。なんか、あの言い方は同情を誘おうとしている感じがしたんですよ。それは誰だって、喉まで、前歯まで、言いたくなりますよ。なんで勝負してくれないんだって。でも、松井以下の攻撃陣を鍛えられなかった自分の責任じゃないですか。馬淵さんは逃げないコメントをしていたでしょう。でも、山下さんは逃げた。悲劇の監督を演じているように見えたんですよね」

馬淵は確かに「全部私がやれと言いました。あのゲーム展開では作戦として間違っていなかったと思う」と、一歩も引かなかった。明徳の選手らも、一部誤解を招く受け答えはあったようだが、それ以外は「勝負したいとは思わなかった」と、自分たちの信念を貫いた。松井も「相手のやり方なんで仕方ない……」と、一選手としての立場を全うした。

そんな中、山下のコメントだけがあまりにも無邪気過ぎた。

立場を超えてしまったコメントということでは、試合後、こんなこともあった。当時、日本高野連の会長だった牧野直隆《まきのなおたか》が異例とも言える談話を発表したのだ。

《走者がいるとき、作戦として敬遠することはあるが、無走者のときには正面から勝負してほしかった。一年間この日のためにお互いに苦しい練習をしてきたのだからその力を思い切りぶつけ合うのが高校野球ではないか》

この談話を非難する声は少なくなかった。ルールを犯したわけでもないチームを、会長の立場にある人間が糾弾するのは軽率極まりない、と。

この「お上」の声が、その後の世論をつくったといっても過言ではなかった。

放置したままの沈黙は、その重さをどんどん増していく。何度目かの沈黙でさすがにこちらも痺《しび》れてきた。この空気に押しつぶされる前に、そう思って回りくどい言い方は止め、ストレートにぶつけてみた。

「何がそんなに悔しかったんですか」

ようやく山下が反応した。

「……チャンスってそんなにないんですよ」

実感がこもっていた。

「やられた人じゃないとわからないと思いますよ。あの無念さは。一生懸命練習して、日本一になりたいなという感じで練習してきましたからね。ショックでしたからね。雪国のチームって、そんなチャンスないから。そのチャンスの中でも、僕の中ではいちばん大きなチャンスでしたからね。うちはいつも負けて有名になる。雪国独特の優しさ、そういう性格がそのままでたんじゃないですかね」

ひとつ、氷解したことがあった。最初に電話で取材を申し込んだとき、山下は「いくつ？」と僕の年齢を聞いてきたのだ。素直に答えたのだが、その質問の意味は教えてくれなかった。ただ、おそらくはその後に、「それじゃわからないかな」、そんな言葉を続けたかったのだろう。

山下も月岩と同じく能登半島の出身だ。一九四五年二月二五日、東京大空襲の二週間ほど前に、鳳至郡門前町《ふげしぐんもんぜんまち》（現輪島市《わじまし》）の黒島《くろしま》という小さな港町で生まれた。ただ、山下汽船に勤めていた父親の影響で少年時代のほとんどを横浜と神戸で過ごしている。奇遇だが、山下汽船を設立した山下亀三郎《やましたかめさぶろう》は愛媛県宇和島《うわじま》市の出身で、馬淵の母校の三瓶高校の創設者でもある。

山下が父親の思い出を語る。

「外国船に乗っていたオヤジは一年に一回ぐらいしか帰ってこなかった。ものすごく厳しい人でね。ただ、海のように大きく、優しい面もあった。人に嘘をつくなよ、だましてはいけないぞ、という話は厳しくされましたね」

その父親は山下が大学在学中に胃潰瘍で他界している。

中学生になると同時に生まれ故郷に戻ってきた山下は、地元の黒島中、門前高校で野球に明け暮れる。この頃の将来の夢は父親と同じ船乗りになることだった。だが、神戸商船大学の受験に失敗。急きょ目標を切り替え、「自分の野球の実力を試したい」と野球の名門・駒澤大学に進学した。だが実力及ばず、四年間、一度もベンチに入ることはできなかった。

大学卒業後は、一九六七年、五年前に開校したばかりだった星稜の地歴公民科の教員となり、同時に野球部の監督を任された。ゼロからのスタートだったが、就任六年目の夏、二七歳のときに星稜を初めて甲子園に導く。

星稜の名を一躍全国区にしたのはそれから七年後の七九年夏、「二度の奇跡」を起こされてしまった箕島との延長一八回だった。先攻だった星稜は延長に入ってから、一二回と一六回、二度までも一点を勝ち越した。ところがその二度とも、その裏、箕島を2アウト走者なしまで追い詰めながらソロ本塁打で同点に追いつかれ、最終的には、一八回裏に3―4でサヨナラ負けを喫してしまったのだ。

「箕島戦に関しては、悔しいとか、そういう思いはなかったですね。選手が限界までがんばってくれて、試合後、『選手らを抱きしめてやりたい』という言葉が出たんですけど、それが素直な気持ちだった。価値観も変わりましたしね。今までは自分が自分がというところがあったのですが、あれから人の話も素直に聞けるようになったんです。箕島戦とは対照的なゲームですよ。あの試合は、やっぱ、高校野球ってこれでいいのかな、そういうクエスチョンマークがつきましたからね」

山下は決して「明徳」や「馬淵」という単語を口にしようとはしなかった。必要なときは、「あの試合」、「向こう」、「相手」、そんな言葉で代用した。

松井たちの代が卒業した三年後、九五年夏には、エース山本省吾《やまもとしょうご》（元オリックス）を擁し、初めて甲子園の決勝まで進んでいる。だが帝京に1―3と惜敗。あと一歩のところで大旗を逃した。それでも、山下はこのときでさえ納得していたと振り返った。

「四人も怪我をしていて、とても戦えるような状態じゃなかった。ベンチ裏に医者を二人も入れさせてもらっていたんです。それでいて、あそこまでよう戦えたなと。あのときも、ようがんばったな、そういう気持ちの方が強かった」

山下の体型は、学生時代も今も変わらず、身長一六四センチ、体重六五キロ。ただ、馬淵と同じように、搭載しているエンジンは〝3ナンバークラス〟だ。名物監督と呼ばれる幾多の監督がそうであるように、山下も仰天エピソードの類は事欠かない。

監督になったばかりの頃、山下は早朝にひとりでノックの特訓をした。その練習法がユニークだった。ボールを乗せたビール瓶を内野に並べ、それをノックで打ち落とす練習をしたのだ。瓶に当たってしまったら、ガラスが割れ、グラウンドにその破片が飛び散ってしまう。そんな緊張感と常に背中合わせの練習だった。

「それで九九％くらいの確率で当たるようになりましたよ。ワンバンでも、ノーバンでも。ずいぶん昔の話ですけど、山から降りてきたキジをノックで射止めたこともあった。それで、その晩はキジ鍋。オスははく製にしたこともある」

山下は、明徳戦以外のことについて語るときは、実に雄弁だったし、表情も豊かだった。そんな荒々しく、かつ原始的な練習方法で鍛え上げられた山下のノックの精度は抜群だった。岡部博英のこんな話がそれを裏付ける。

「室内練習場の天井にボールが引っ掛かって落ちてこなくなってしまったことがあったんです。それで選手が一生懸命、ボールをぶつけて落とそうとしてるんだけど、なかなか当たらない。それを山下さんはノックで一発で撃ち落としたんですよ。一発ですよ！」

そんな山下のノックバットは、松井やイチローのバットを手がける、日本を代表するバット職人、久保田五十一《くぼたいそかず》の手によるものだという。オリジナルのノックバットをわざわざオーダーする人など、山下以外に聞いたことがない。

山下の「奇行」はそれだけにとどまらない。箕島戦のあとは、箕島の監督、尾藤公《びとうただし》の代名詞でもあった「尾藤スマイル」を体得しようと、毎朝、鏡の前で笑顔をつくる練習をした。

「むさ苦しい顔をしていては勝てない。お陰で、自然と笑いが出るようになって人生が明るくなった。生徒たちも以前よりも積極的に相談しにくるようになりました」

江川卓《えがわすぐる》の全盛時代は、作新《さくしん》学院のユニフォームを、原辰徳《たつのり》が甲子園を沸かせた時代は、東海大相模のユニフォームを模したユニフォームを着てグラウンドに出た。全国優勝するにはそれらのチームを倒すしかない、そんな意気込みの表れだった。余談だが、練習のとき、いつもストライプのユニフォームを身につけているのは単に「足が長く見えるから」だそうだ。

また勉強熱心さも尋常ではなかった。まだ日本にアイシングというケア方法の知識がなかった頃、あるテレビ番組でハワイ大学が研究しているアイシングの特集を放送していた。居ても立っても居られなくなった山下は、その数日後、ハワイ大学を訪ねている。その調子で、日本のスポーツ界では導入が遅れていた練習中の水分補給も、ウエート・トレーニングも、他チームに先駆けて取り入れていた。

山下の指導法はシンプルだ。多くの人が証言するように、選手のフォーム等をとやかく指摘することは滅多にない。基本的には、好きなように投げさせ、好きなように打たせる。サインもばれているのを承知で敢《あ》えて変えなかったそうだ。星稜ＯＢで、松井の中学時代の恩師だった高桑充裕が明かす。

「山下監督のサイン、最後まで僕らの頃とぜんぜん変わってなかったですからね。手の動きはものすごく早いんですけど、最初の方に出すんで、そのタイミングさえわかっていればなんてことない。あとは全部ダミーなんです。ほんと単純でしたよ。ただ、三つ下の弟が別の高校の野球部だったので、サイン全部、教えてやったんですけど、それでも４―１で負けちゃいました」

そんな山下を見聞きし、ひとつ確信したことがある。極端な例だが、情熱だけの監督と、知識だけの監督がいたとしよう。どちらがより強いチームをつくりあげることができるか。それはやはり前者だ。情熱の権化。それが山下だった。

山下は野球のために、酒もタバコも止めた。事故を起こしたら出場停止になりかねないと車の運転もしない。練習後は「選手に負けていられない」とジム通いも続けた。そうして星稜を甲子園常連校に育て上げ、監督就任二六年目、四七歳のときに初めて本気で全国制覇をねらえるチームを手にした。それが松井、山口という投打の柱が最上級生になった一九九二年のチームだった。それは文字通り、千載一遇のチャンスだった。

ところが、山下は、ようやく回ってきたその奇跡のような手札を使い損ねてしまったのだ。いや、明徳の巧妙な作戦によって封じられたと言った方が正確か。

残されたそう長くない監督人生の中で、あんな手はもう二度とできない――。山下が漏らした「ショック」や「無念さ」はおそらくそこにある。

北村が言う。

「俺ら以上に、監督は優勝できるって思ってたよな」

奥成が返す。

「普通にやればできたのかな……と思うことはあった。でも優勝するにはああいう試合を勝てないとダメなんだって」

「あそこで勝てたらいってたかもしれないな」

「でも、あそこで逆転できないのがうちの力でしょう」

前年の秋は準公式戦といった位置づけではあるものの全国大会のひとつである明治神宮大会を制し、春は選抜大会で八強入りを果たした。また松井というスター選手も抱え、「優勝候補」の一角に挙げられても恥ずかしくないだけの実績と華があった。だが、高桑の見方もシビアだった。

「優勝？　ないっしょ。なんぼ星稜が強いって言っても、やっぱり北陸勢。明徳とやった段階で、四国の野球との差は感じましたからね。あんな負け方してなかったら、そんな見出しになるほどのチームでもない。むしろ僕は、松井はなんて運のいい子なんだろって思ったんですよ。甲子園入りしてから三日間ぐらいコーチとしてチームについて回っていたんですけど、松井の調子は悪かった。それが五敬遠で株があがって、あの態度でも株があがった。勝負されても、たぶん、たいして打ててなかったと思いますよ」

また金沢の元監督だった樺木義則も言う。

「優勝はないと思ってました。だって、ひとりだけだもん。打つやつが。スターはスターでも、それがピッチャーだったらいけますよ。でもバッターのスターはつぶされたら終わり。それが敬遠だった。あとは平凡な高校生ですからね」

山下が思うほど周りの評価は高くなかったというのが現実だ。明徳の捕手、青木貞敏もこの後の試合、0―8で敗れた広島工業を引き合いに出しこう語っていた。

「キャッチャーの僕からいったら、星稜と、広島工業、どっちが強かったかっていったら間違いなく広島工業。やったらわかるじゃないですか、勝てる、というの。星稜のときはそれがありましたけど、広島工業のときは手強《てごわ》いなという感じだった」

敬遠策については、山下は辛うじてこうとだけ答えてくれた。

「あまり僕は敬遠しません。子どもたちが力を試す場だから。打たれたらそれで勉強すればいい。もちろん、敬遠するときもありますよ。2アウト二、三塁とかね。でもランナーがいないときはさすがに勝負しますね」

二二年間、山下とコンビを組んできた元部長の野村治夫も敬遠はほとんど記憶がないと話す。

「あったとしても、一回か二回じゃないですか。それも完全な敬遠なんてない。勝負にいって、カウントが3ボールとか、3ボール・1ストライクになったときぐらい。監督の場合、野球観というよりは、高校野球観なんでしょうね。高校生を教えてるってことをものすごく意識してる。育ち盛りの選手は失敗して覚えていくんだって。でも逆にいえば、そのあたりに、勝敗どうのこうのじゃなく、金沢気質《かたぎ》っていうのかな、よくおっとりしてるって言われるんですけど、そういう部分が出ちゃってるのかなという感じはしますね」

野球観ではなく、高校野球観――。そう言われて、ひとつ思い出したセリフがあった。山下は日本の現状を憂えた後、大真面目な顔をしてこう言っていた。

「高校野球が日本を守らないといけないと思ってるんです。だから、僕は死ぬまで高校野球をやりたい」

山下の中で「野球」と「高校野球」は、明らかに異質なものだった。

「山下君は野球、知ってるのかなって思いましたよ」

そう話すのは、試合当日、NHKの解説を務めていた福島敦彦《あつひこ》だ。福島は難波《なんば》駅の地下街にある行き付けのお好み焼き屋で、ブタ玉と焼きそばをほおばりつつ、持論を語った。

「『勝負して欲しい』って、それは相手が選ぶことで、そうなるようしてやるのが監督の仕事やからな。あの試合の前、神戸製鋼のグラウンドで星稜の練習を観たんやけど、ピッチャーの山口はバッティングもええんよ。テクニックだけでいったら松井以上やと思った。ただ、かわいそうやけど、月岩、福角あたりは普通の高校生。だから僕やったら、三番・松井、四番・山口にすんねん。五番・山口でもええけど、そうすると、三番がおらんくなる。それもちょっとしんどいわな」

初回、山口が左中間に大きな三塁打を放ったときすでに福島は《松井に次いでいいバッター》と山口を絶賛していた。

山下がこのオーダーにこだわった理由を、あの試合では七番を任されていた奥成はこんな風に聞いた記憶がある。

「哲治（＝山口）を松井の後にしないのは、松井が歩かされて打てなかったとき、ピッチングに響くのが嫌だからって言っていたような気がするんですけどね」

そのまま山下にぶつけてみたが、「そんなことは言いませんね」と返ってきただけで、その後はまた口をつぐんでしまった。

福島は、報徳《ほうとく》学園高校、慶応大、鐘紡《かねぼう》と歩んできた野球エリートだ。現役を退いたあとは母校である報徳、慶大と、さらには中山製鋼でも監督を務めた。報徳の監督時代には、一九七四年の選抜大会、「さわやかイレブン」旋風を巻き起こしていた池田《いけだ》を決勝で破り全国優勝も経験している。言ってみればアマチュア野球のエキスパートだ。それに対し、山下は選手としての実績がほとんどないばかりでなく、指導者としても高校野球ひと筋。野球観に差が出るのもやむを得ない。

　そんな福島が山下のことを初めて理解したのが、九六年春、国際野球連盟の技術委員として全日本高校選抜チームのフィリピン遠征に行ったときのことだった。このときの監督が箕島の監督でもあった尾藤、そしてコーチが山下だった。

「二週間ぐらい滞在しとったんやけど、山下君は、毎朝、五時ぐらいに起きてマニラ湾を走るんよ。バッティングピッチャーも一時間ぐらい平気でやる。岩村《いわむら》（明憲《あきのり》＝元ヤクルト）が四番打っとったときやな。岩村は甲子園には出てないけど選ばれとった。なんていうかな、真っ直ぐなんよ。彼が考える高校野球とはこうあるべきだってものがよくわかった。爽やかに戦うんだというかな。それが四番・松井やったんやな。四番は最強なんやと。変えられないんやと。山下君はもしこの後、まだ試合があったとしても、この打順は変えなかったと思うな。それぐらい徹底できたからこそ、星稜をここまでの強豪校に育て上げたんやと思う」

　現に明徳戦の約二ヶ月後、一〇月に山形で開催された「べにばな国体」で、星稜は同じオーダーで戦い優勝している。このときは五番・月岩も準決勝でホームランを放つなど、五割近いアベレージを残した。月岩の回想。

「国体なんて、他はみんな遊び感覚じゃないですか。でも山下さんは勝つ気満々でしたからね。うちだけですよ。あんなにやる気だったのは」

高校野球は国体の正式競技ではない。つまり、県ごとの得点対象にはならない。どちらかというと「客寄せ」の意味合いが強く、月岩が言うようにお祭り感覚のチームが大半だ。参加チームは、その年の夏の甲子園出場校の中の一二チーム。通常はベスト16以上、つまり二勝以上したチームの中から選出される。ところがこの年は一勝しかしていないにもかかわらず星稜も選ばれていた。それだけ注目されていたのだ。

山下とはフィリピン遠征まで接点のなかった福島だが、馬淵とは旧知の間柄だった。中山製鋼の監督時代、同じ地区だった馬淵率いる阿部企業とは何度か対戦していたのだ。

「正直な男やで。腹の中、全部さらけ出しちゃう。麻雀《マージャン》したら、もろに性格出る。思ってること全部、言っちゃうから。人間的には、ほんまおもろいよ。でも正直でいいんちゃう？　とにかく勝ちたいんやと。わかりやすくていいよ。悪いことしてるわけじゃないんやから。それをダメだというのはきれい事過ぎると思うな」

五敬遠に関して、福島は「俺でもやってた」と断言する。

「僕や馬淵君のように社会人野球を経験していると、勝ってなんぼなんや。負けてもいいってことはないもん。それが習性として身に付くんよ。半分、仕事休んでやってるんやから。会社の士気を上げるためにもね。それと、明徳の校長も言っとったけど、明徳はスポーツによって知名度を上げていかないといけない学校なんですよ。勝利にこだわらないわけにはいかない。でもそれも立派な信念ちゃう？　あの試合、球場の八割、九割は星稜の味方になっとったけど、甲子園はやっぱり戦いの場やで。俺も五打席のうち三回か、四回は敬遠してたと思う」

福島でも間違いなく歩かせたというのは、一回表の2アウト三塁、三回表の1アウト二、三塁、九回表の2アウト三塁の場面だ。いずれも一塁ベースが空いている。

そして、「どうかな……」と判断しかねていたのが、五回表の1アウト一塁の場面。このときは一塁ベースは塞がっている。つまり、みすみす得点圏まで走者を送ることにもなってしまうのだ。

「ホームランを打たれたら同点やからな。次のバッターとの力関係を考えたら、僕もそうしたかもしれんな」

だが、解説の席では、3ボールになった時点で、福島は《もう少し思い切って投げてもいいと思うんですけど》と、むしろ勝負を促す発言をしていた。

ただ、七回表、2アウト走者なしの場面だけは、明らかに反対の立場をとった。「なぜ勝負しない！」と思ったという。アナウンサーから、今にも泣き出しそうな声で《福島さん、致し方ないんですかねえ……》と振られた福島は《ランナーもいなかったんで、もう少し思い切って自分の力、試してみてもよかったと思うんですけどね》と返している。

「ここだけはうなずけませんでしたね。打たれても一点やないですか。これだけの大舞台で、せっかく自分の力を試すことのできる機会に恵まれた。その権利を放棄してしまっているわけですから。ここで打ち取ればものすごく大きな自信になるのに」

これまで何十人もの関係者に意見を聞いた。そしてほとんどが福島と同意見だった。一回、三回、九回は当然の策。五回は微妙。ただ、七回は勝負すべきだったと。

試合後、福島は無言を通した。そして中継終了間際にアナウンサーにコメントを求められ、こうとだけ語った。

《松井選手が敬遠されたのは非常に残念ですけど、逆に、明徳義塾としてはそれだけリスクを背負うわけですからね。ピッチャーの河野君がよく踏ん張ったとも言える。星稜の五番、六番に一本出ていれば試合は大きく変わっていたと思いますね》

最後まで冷静な口調だった。

「アナウンサーも、高校野球はこうあるべきだ、っていうタイプやった。野球を知らないから美化してる。試合中も、ずっと憮然《ぶぜん》としとったからね。でも俺まで一緒に興奮するわけにはいかんやろ。NHKは僕でよかったと思うで。高校野球はこうあるべきだ、っていうスタンスでいったら、明徳、悪者やもん。メガフォン投げることの方が由々しき問題なんやから。まあ、興奮する理由もわかりますけどね」

福島とは対照的だったのが朝日放送の解説を担当していた松岡英孝《ひでたか》だった。福島は、松岡のことをこう評していた。

「どちらかというと、高校野球はこうあるべきだ、っていうタイプの方ですよ。それでも、あの方もとても尊敬できる。哲学がある。ただ、やはり指導者としては高校野球の経験しかない。それだとあの作戦はやはり理解できないのかもしれませんね」

高知県出身の松岡は、城東《じょうとう》高校（現高知高校）、近畿《きんき》大学を経て、一九六〇年に大阪の北陽《ほくよう》高校の監督に就いた。以降、九〇年夏に勇退するまでの三〇年間で、春六回、夏四回の計一〇回、甲子園に導いている。

「多いときは二〇〇人から二五〇人もの部員がおった。もう、万引きやら、ケンカやら、タバコやら、アルコールやら、それをさせんようにするので精一杯よ。でも僕の三〇年間の指導者生活で、北陽は一度も新聞沙汰になったことがない。それが誇りよ」

二〇〇五年冬、高知市内の自宅を訪ねると、松岡は昼間だというのにさっそく冷蔵庫から瓶ビールを出してきた。料理も心のこもったものばかりだった。

「うるめいわしは、そのまま手でいけ、手で。熱いうちに食え。高いうるめやからな。味わって食えよ。いもの天ぷらは、ゆんべ、俺が揚げたんよ。油がいいから安心して食べろよ。らっきょは家内が漬けたんだ。この梅干しは和歌山。まま、もっと飲めよ。最後、卵ご飯をつくってやるからな。あと漬け物と」

松岡が二〇〇人もの部員を統率できた理由が、少しわかったような気がした。

あの試合で松岡とコンビを組んでいたのが、これまで高校野球の実況中継で数々の名言を生んできた名アナウンサー、植草貞夫《うえくささだお》だった。
その植草はベースボール・マガジン社の『高校野球珠玉の名勝負&名場面ベスト100』という雑誌の中で、そのときのことをこう語っている。
《私はボール、ボール、ボールと二〇回言うしかありませんでした。状況を正しく伝えるのがアナウンサーですから。隣の解説の松岡英孝さんは「勝負してくれ、勝負してくれ」の連呼です（笑）。批評が解説者の仕事ですからこれは当然です。松岡さんは「四国ではこんなことはせん！」とまで言ってました（笑）》
第一打席、第二打席の時点で、松岡はすでに《勝負して欲しかったですね》と繰り返していた。そして明徳が敬遠を重ねるたびに、感情のボルテージを上げていく。
第三打席では《勝負しなきゃイカンですよ》と切るような語調になった。さらに《高知の野球とはちょっと違いますね》と加えた。
第四打席も次のような調子だった。
《これはイカンですね》
《これは勝負すべきですね、五万五〇〇〇の観衆のためにも》
最後の打席になると、松岡の声が微妙に揺れ始める。
《三年生対三年生の、男の勝負をして欲しい。いや、残念ですよ。本当に残念ですね》
そして五つ目の敬遠後、星稜の応援席からメガフォンなどが投げ込まれると、松岡のボルテージは最高潮に達する。《いやあ、こんなの初めてですね》と連呼し、ゴミを拾いに走る星稜の選手の姿を見つけるや、さらに声を潤ませた。

《涙が出てきますね。馬淵監督も、これを胸に入れて、野球をやって欲しいですね》

試合後も、興奮は収まらなかった。

《高知の男として、男の勝負をして欲しかった。ランナーなしの敬遠はいただけなかったですね》

松岡が、心の時計の針を「あの夏」に戻す。

「心の中で叫んでましたよ。雪国になんで逃げないかんねん！　どつきにいったんやから、どついてこいや！　って。こっちは一年中、野球やってる。向こうは七ヶ月しかやってない。三年生は、七五〇日間、相手と戦うために練習してきたわけだろと。ケンカになったら、逃げたらいかんよ。僕はよっぽどのことがない限り、敬遠はしたことない」

そう一気に吐き出してから、声のトーンを少し落とした。

「……まあ、今、考えれば、五回のうち二回は勝負して欲しかったね。ノンプロの経験もあって、明徳は私学だから、勝たないといけないという使命感があったのかもしれない。それは僕が監督やっとったときとは立場が違う。でも、いっぺんは2アウトランナーなしやからね。勝負して欲しかったね。馬淵監督は本当はすごい根性あるんですよ。この前の四国大会でも、ピッチャーが、バントを失敗して顔面にボールが当たった。それでも、投げろ！　いけえ！　って、やるもん。ただ、高知の人間じゃないからな。考えが違うのかもしれれんけど」

松岡は山下といろいろな点でだぶった。身長一六三センチと小柄な体格もそう。一本気なところもそう。そしてこんな話をするところもそうだった。

「どんな国民にしていきたいのか。高校野球はそこから考えていかないといかんよ。教育の一環やから。試合だけではない、人生に勝つためにはどうすればいいか。あそこで打たれたって、その悔しさが、大学、ノンプロで生きてくるんやから」

そんな思いで三〇年間、高校野球に打ち込んだという松岡は「僕の体、もうボロボロになってますからね」と笑う。

「三五歳で痛風になってな。これまでも五回ぐらい、発作、起こってる。去年の五月ぐらいにも起こってな。痛くて、たまらんのよ。体質とストレスやろな。あと食い物と」

そのあとしばらくは松岡の教え子の岡田彰布《あきのぶ》の話で盛り上がった。約二ヶ月後に阪神の監督就任二年目のシーズンを迎えようとしていた。テレビで阪神戦を観ていると、心配で自分が監督をしていたときよりも胃が痛くなるのだそうだ。

「あ、鳥がきてる。かわいいやろ。ちーちーちーちーって鳴くんよ」

庭の椿《つばき》にメジロがやってきていた。

活字メディアの論調もさまざまだった。

そんな中、一際目を引くのが試合の翌日、一七日の朝日新聞の夕刊に掲載されていた「大事なもの忘れた明徳ベンチ」と題されたコラム風の記事だった。一七日は休刊日で、朝刊が休みだったため、一六日の出来事はすべて一七日の夕刊に掲載されていた。そこで記者の山本敏男《やまもととしお》は、明徳を真っ向から批判した。


《試合前、同監督（馬淵監督）は「四国の野球が石川の野球に負けられない」と豪語していたのに、フタを開ければ姑息《こそく》な逃げ四球策とは。他の四国勢が聞けば、憤然とするだろう。（中略）特に、走者のいない二死無走者（七回）までもボール連発を命じた時は、おとなのエゴを見たような気がして、不愉快ささえ覚えた。（中略）当の河野投手でさえ「一度は勝負したかった」と、もらしている。明徳ベンチは「勝利」にこだわるあまり、もう一つの大事なものを忘れていた、といいたい》

当時、現場にいた朝日のある記者の証言だ。

「あのとき、年配の記者ほど、あれはない、っていう感じだったんですよね。でも学生時代にスポーツを経験している若手記者が結構いて、そういうやつらは、別にいいんじゃないかと。社内でも真っ二つに意見が割れてた感じでしたね」

山本の記事は社内に波紋を呼んだ。山本本人がそのときのことを語る。

「社の玄関に張り出す、張り出し号外ってのがあるんだけど、高知支局から苦情がきた。『主催してる新聞社の新聞に、こんなひどいこと書いてる記事、載せられません！』って。差し替えを要求されたけど、もちろん蹴ったよ。嫌やと。こっちは署名入りで書いてるんだから、ええやろと。載せる載せないはそっちの判断に任せるからって。でも結局は高知版にも載ったと思うよ。張り出し号外はどうしたかわからんけど」

昭和九年と、昭和ひと桁生まれの山本は、京都・山城《やましろ》高校時代の三年夏に二塁手として甲子園に出場している。京都教育大でも野球部に所属し、その傍ら、大学四年から約二年間は母校・山城の監督も務めた。そして就任二年目の一九五七年春、今度は監督としても甲子園の土を踏んだ。だが早々に監督生活に見切りをつけ、大学を卒業してから二年目の年に京都新聞社に入社。途中で朝日新聞社に移った。

「京都新聞に入社した年の夏が、ちょうど第四〇回の記念大会やった。そこから、甲子園はだいたい観に行ってるよ。あの試合も記者席におった。驚くというより、腹が立ったな。特に四打席目、2アウト走者なしでも歩かせたやろ。んなアホな、こんなんやってられるか、って。それで、また取材のとき、あの監督（馬淵）が、得々とした表情で、ほれみてみい、みたいなしゃべり方をするわけよ。それでまたムッとしてな。ただあの記事を書いたお陰で、未だに明徳に朝日の記者がいくと、嫌みを言われるらしいな」

山本はふいに野球のルーツを語り始めた。

一八〇〇年代半ば、アメリカで野球が誕生した頃、いい投手とは打者にとって打ちやすい球、つまりよく制球された緩い球を投げる投手のことだった。そもそも野球とはいかに打つかを楽しむ競技だったのだ。したがって、フォアボールも、三振もない。打者が打つまで投手はボールを投げ続けなければならなかった。ただ、それではあまりにも時間がかかりすぎる。また、次第に投手がいかに打たれない球を投げるかというところに楽しみを見いだすようになり、現行のようなルールに落ち着いたのだ、と。

「野球の起源は打つことなんやから。敬遠を否定するわけじゃないんやけど、これだけやっちゃうと、野球のそもそもの精神というか、本来の娯楽性を根底から覆すことになりかねない。つまらなくなる」

山本はこの試合をきっかけに野球への情熱を失ったとさえ話す。

「実は冷めてしまったのは二回目なんよ。一回目は昭和四四年かな、黒い霧事件よ。西鉄の八百長事件。あれが、わしが九州の運動部におったときに起こった。最初は信じてなかったんやけど、二年がかりぐらいで取材をしたら、やっぱりやっとったんやね。巻き込まれたやつが大半やったけど。何じゃ野球って、こんなことしてるんか、って。『五敬遠』はあのときと同じぐらいの衝撃を受けたね」

大会が終わるまでの間に山本の元には二〇〇通近い投書が届いた。最初の数日は七～

八割方、山本の意見を支持する内容だった。ところがその比率がだんだん下がり、一週間もすると五分五分になっていた。

「世論ってのは流されやすいんやね。最初は、よく書いてくれた、ってのが、後になるにつれて、生意気なこと書くなって。おもしろいもんやね。それにしても、あんなに知らない人にクソミソに言われたことないわ。それもみんな匿名《とくめい》なんや。だから反論のしようがない。確かに生意気過ぎたかなとは思うけど……」

ヒステリックになっていた大衆が、徐々に冷静さを取り戻した結果でもあった。

「確かに、私学の監督やからな、勝てなかったら生活の道が断たれるってことを考えたら、仕方ないか、ってのもあるわな。でも選手のこれからのことを考えたら、いい影響は与えてないと思うよ。河野だって、本音は、勝負したかった、って言ってたんやから」

ただ、本人に直接聞いたのではないという。

「わしは監督についとったから。他の人にその情報をもらったんよ」

すでに書いた通り、河野はそうは言ってないと証言している。

大会が幕を閉じて間もない頃、山本は人間的にも尊敬していた西本幸雄《ゆきお》（元近鉄監督）に意見を求めた。すると平然とこう返された。

「不思議でもなんでもないやんか。勝とう思ったら、あれぐらいするの当たり前や」

それでも、山本は納得できなかった。

「ほーって、思ったよ。これがプロの考え方なのかなと。でも高校野球ってのは若さをぶつけ合うところやで。高校で失敗できなかったら、どこで失敗できるんや。どこで成長すればいいんや。それをさせてくれない高校野球なんて、おかしいんちゃうか」

その後も山本はシーズンになると甲子園にやってきたが、あの試合以降、一度も馬淵の話を聞きにいったことはない。二〇〇二年夏、明徳が優勝したときも淡々としていた。

「すごい選手を集めてるなという感慨はあったけど、それだけやな。私学にしかできないことやってる。大阪とかからいい選手をどんどん集めてな」

やはり、山本にも高校野球観という、野球観とはまた別のものがある。

「ようするに、どう戦ったかじゃない？　その結果、勝てばいいし、負ければ仕方ない。山城、甲子園でまだ一度も勝ててないねん。でも、試合後、爽快感はあったで。きれいごとかもしらんけど、そのきれいことがだんだんなくなっていくことは悲しいことだと思うんやけどな」

前述した福島のインタビューの際、あまりにも現実主義的過ぎるように思われ、やや息苦しさを覚えたときがあった。その際、僕は咄嗟にこのときの山本の言葉を引き合いに出した。しかし、一笑に付されてしまった。

「それは山城の監督だからよ」

福島の言葉は重かった。確かに勝利を義務づけられている報徳学園や明徳の野球と、山城の野球を、同じ枠の中に入れようとすること自体に無理がある。

朝日新聞社を退職した山本は、その後、日刊スポーツの編集員を四年間務め上げ、記者生活にピリオドを打った。その後、しばらく夏だけは記録員として甲子園に通っていた。記録員とは、試合中、ヒットかエラーか微妙なときにその判断を下す人のことだ。

「高校生の場合、エラーやと思っても、ヒットでもいけそうやったらヒットってつけてしまう。そんなんやから、山本さんはいつも甘い、って言われるんやろなあ」

最後にひとつだけ聞いてみた。現在の自分があの試合を観たとしても、同じ記事を書きますか。

「それは一緒やと思うわ」

松井に、山下がむっつりしてしまったときの様子を話したら、頬を緩め、こんな山下評を聞かせてくれた。

「あの人、わかりやすいですからね。恩師にこんなこと言ったら失礼ですけど、子どものまま六〇歳になったような人ですよ」

あの試合のあと、「べにばな国体」での決勝戦でのことだ。相手は尽誠《じんせい》学園。1―0と星稜の一点リードで迎えた八回表、1アウト一塁の場面で松井の第四打席が回ってきた。普通にいけば、この打席が高校最後の打席になるはずだった。

この打席、山下には松井にどうしても叶《かな》えさせてやりたい夢があった。それはもう山下が叶えたい夢といってもいいのだろう。松井のこのときの高校通算本塁打数は五九本。あと一本、打たせたかった――。その思いが、にわかには信じがたい言葉となって表れた。

「キャッチャー、打たしてやってくれ!」

山下は、一塁側ベンチから、相手選手に向かってそう大声で叫んだ。

そして一球ボールのあと、二球目の内寄りの真っ直ぐを松井はフルスイング。いかにも松井らしい低い弾道を描いた打球は軽々とライトスタンドまで到達した。山下は松井をこれ以上ないというほどの笑顔で迎え、右手でがっちり握手をし、左手に持っていたメガフォンで二度、松井の背中を叩いた。

山下は照れ笑いを浮かべながら首を巡らす。

「敬遠させないようにね、打たせてくれって、言っちゃったんですよね。勝負してくれれば打つと思ったんです。あの子は区切り区切りで仕事をしますから。内緒ですけど、あのとき、松井にはホームランのサインを出してたんですよ」

松井は山下の声には気づいていなかった。

「言ってたらしいですね。でも、僕は聞こえなかった。あの人、真っ直ぐ過ぎますからね。気持ちがすぐ顔に出ちゃう。俺らに見破られてどうすんだって。でもそういうところがいいところなんじゃないですかね」

ただ、そんな資質はときに大人げなく映るときもあった。

星稜のコーチを務めていた岡部博英は九八年から山口・宇部《うべ》鴻城《こうじょう》高校の監督に就いていた。岡部が選抜大会への出場を決めたのは、就任六年目となる二〇〇三年春のことだった。

高校としても、また岡部自身も、甲子園は初めてだった。そこで本番前に「ユニフォーム負け」しないよう、甲子園常連校と練習試合を組もうと考えた。そんなとき、スポーツ用品メーカーの出入り業者が明徳を紹介してくれたのだ。

「ちょっとは抵抗ありましたけどね。馬淵さんに電話をして、僕、星稜のコーチをやってたんですけど、って言ったら、『僕はもう気にしてないから』って言ってくれて。ま、ちょっとは気にしてもらわんと困るんやけどなとか思いながら。でも実際、お会いして、あの試合のことは触れたらいかんと思ってたら、自分から話してくれて。あの五敬遠のことは、ずっと頭の中にあるちゅうて。だから優勝したとき、山下さんから祝福の電話をもらって、ようやく苦労が喜びに変わったっていうてました」

明徳が全国制覇を遂げたとき、山下は馬淵に電話を入れた。

「電話したのは翌日ですよ。いつものように朝五時ごろに起きて、グラウンドにいって、草をむしり、石を拾い……そろそろ起きたかなと思った頃、八時ちょっと前ぐらいでしたかね。よくがんばった、苦しかったでしょう、応援してます、ということで」

馬淵からその話を聞いたときは、山下の中ではもうあの試合のことは清算済みなのかと思っていた。

だが一方で、それから一年も経たないうちに、山下は、そうして明徳義塾と練習試合をした岡部を電話で咎《とが》めたという。いったいどういうつもりなのだ、と。

星稜もあの試合の後、二度、明徳と練習試合をしている。ただ、いずれもやむをえなかったといえばそうだった。一度目は九九年の一〇月のことだった。高知高校の創立一〇〇周年記念の招待試合に招かれ、そこで七年振りに両校の対戦が実現した。当時、高知高校の監督だった中村敏彦《としひこ》が、ことの経緯を話す。

「一〇月初旬にやりたかったんだけど、その頃、どこも地区大会の真っ最中でね。やってないのは北信越地域だけだった。あのあたりでネームバリューのあるチームといったら星稜しかないじゃないですか。それで星稜がきてくれるんだったら、明徳を呼ぼうということになったんですよ。仲を取り持つという意味もありましたけど、話題になるし、そうすればうちの高校の宣伝にもなるじゃないですか」

山下も馬淵も快諾してくれたという。結局、そのときは6―3で星稜が雪辱を遂げた。

翌日、高知新聞には「『わだかまりない』両監督〝和解〟アピール」というタイトルの記事が掲載され、併せて馬淵と山下が右手で握手をしている写真が載っていた。ただ、二人ともまったく笑っていない。山下は馬淵とは「あんまり話、しませんでしたね」と振り返る。馬淵の記憶も同様だった。

何かの拍子に馬淵がこんな風に漏らしていたことがある。

「国体で一緒の宿になったりしたこともあるんやけどね。山下さんとは、ほとんど口を利いたことがないんよ。わしはええんやけどね、向こうが避けるんよ……」

二度目の練習試合は、二〇〇六年の夏に徳島で行われた。鳴門《なると》工業が明徳と練習試合を組んでいる日に、たまたま星稜が鳴門工業に試合を申し込んできたため、三チームでやろうということになったのだ。第三ラウンドは10―9で明徳が勝利を収めている。このときも朝日新聞で小さな記事になり、ツーショット写真が載っているのだが、二人とも見るからに表情がかたい。

勝者である馬淵の方はそんなことはないのだが、敗者となってしまった山下の方にはまだはっきりとしこりが残っている。馬淵の方にも、それがわかるだけに、変な気まずさがあるのだ。

岡部も、もともとは「明徳は大っ嫌いだった」のだと話す。だが馬淵の気取りのない人柄にふれ、印象が変わった。

「あんときは松山で練習試合をしてもらったんですけど、夜もずっと付き合ってもらって。最後、『カレーラーメン食いに行くぞ！』ってね。これがうまいんよ、とか言ってたんですけど、僕はぜんぜんうまいと思わなかった。それでも、うまいっす、うまいっす、って」

彼は明徳に嫌悪感を抱いていた頃のことをこうぶちまける。

「試合があったとき、まだ自分は二四歳で血気盛んな頃ですからね。メガフォン放り込まれたときも、当たり前じゃ、って思ってましたけどね。あれからは、明徳がよく使ってる野球メーカーがあるんですけど、あれだけは使わんとこうと思って。今はいちばんよく使ってますけどね。二〇〇二年の決勝戦のときも、何が何でも智弁《ちべん》和歌山に勝って欲しかった。野球の神様は絶対に明徳に優勝させないはずだって思ってました。だから明徳が優勝して、気分が悪かったことは確かですよ。そら、僕だって山下さんが明徳と練習試合したたって聞いたときは、なんでなん？　って思いましたもん」

勝者と敗者の感情のもつれ。それは選手間でも同じだった。

選手たちの間ではこんなプランが持ち上がっている。五〇歳になったときまた甲子園で再試合をしようというのだ。言い出しっぺは新聞記者になっていた福角元伸だった。

「僕がぶち上げたんですよ。正月、ネタがなかったんで、それで松井がらみで何か原稿書こうと思って」

明徳の選手は例外なく乗り気だった。ただ、星稜の選手に尋ねると、奥成の「やらなくていいですよ」という言葉に代表されるように、ほとんどの選手が冷めていた。

副校長室では口の重かった山下だが、そのあと、練習のため室内練習場に移動してからは別人のようだった。息子から携帯電話に送られてきたメールを嬉しそうに見せてくれたり、監督になったばかりの頃の苦労話を語ってくれたりした。

日は完全に落ち、星稜を引き上げようとする頃、外は篠《しの》突く雨だった。バス停までの見送り役を頼んだマネージャーに山下は厳命した。

「お客さんを絶対にぬらすんじゃねえぞ」

帰り際、機会がありましたらまたよろしくお願いします、そうあいさつをすると、山下は笑顔で何度も何度も首を振っていた。

山下はおそらく誤解していた。僕がまた五敬遠の話を聞きにくるつもりだと思っていたようだ。そうではなかった。それこそ今度こそ本当に山下の野球観をじっくり聞きたいと思ったのだ。

その後、一度だけ、山下に別件で取材をお願いしたことがある。小中学生向けの野球雑誌の企画だった。だが、「私のような者よりもっと立派な監督がいらっしゃいますから」と低姿勢で、しかしやはりきっぱりと断られた。

第七章　真　相

青木貞敏は困惑気味だった。

それもそのはずだ。そのことを確認するために、僕はわざわざ二度も青木のもとを訪ねたのだ。

「言ってないもんは言ってないんですけどね。う～ん、言ったんでしょうかね、僕……」

当時と比べると体重は二〇キロ近くも増えていた。高校時代と同じように短く刈った髪はすでに後退し始めている。

青木は現在、実家の豆腐屋「青木食品」を切り盛りしている。明徳から車で三〇分ほどのところにあるため、今も昔も明徳は青木食品のお得意さんだ。

星稜戦の六日後――。三回戦に進んだ明徳は、広島工業に0―8で惨敗した。

松井を五敬遠した「二時間七分」の戦い以降、明徳の動向はもはや国民的関心事になっていた。そのため、報道陣の中には普段は見かけない一般紙社会部の記者や雑誌記者の顔まであった。

「試合のあと、通路のベンチに座ってたら、記者さんがたくさん集まってきたんです。なんとかだったですか、なんとかだったですか、って聞くから、こっちも、はい、はい、って。でも、ボロ負けで、自分のサインミスもあったりして。そんなときにいろんな質問されたってね。考えられないじゃないですか。だから、はい、はい、って感じで聞き流してたんですよ。いい思い出ではないですかね、みたいに微妙な聞き方をされて、はい、って言ったのがそう書かれたんじゃないですかね」

嘘をついているようには見えなかった。それに今さら嘘をつく必要もない。

だが、翌日のスポーツ紙にはこのような青木のコメントが載った。

《ムードが盛り上がらなかった。甲子園に来ない方がよかった》（サンケイスポーツ）

《甲子園に来なかった方が良かった。新聞見るのもつらかった》（日刊スポーツ）

《甲子園なんか来るんじゃなかった……。つらいことしか思い出になりませんでしたから》（報知新聞）

本人が話していたように、こう書かれる可能性のある質問に、はっきりとではなくとも何らかの肯定を示すアクションを青木が起こしたのかもしれない。

メディアがそのような誘導的な尋ね方をしたのにはこんな理由もあったのだろう。

明徳を担当していたNHKのアナウンサー、広瀬靖浩が指摘する。

「メディアの卑怯なところなんですけど、高校野球は選手を叩けないっていう暗黙の了解があるじゃないですか。だからこのときは、ちょうどいいことに悪党面した監督がいるから、あいつを叩いてやれって。そんな雰囲気になったんじゃないですか」

選手もそうした空気を察知していた。センターを守っていた橋本玲が語る。

「僕が何より嫌だったのは監督が非難されること。あの作戦に対して、え？　って思ったやつはひとりもいない。僕らも勝ちたいですもん。あんな練習して。勉強するならあの学校には行ってないじゃないですか。監督のエゴの犠牲になったみたいな見方はぜんぜん違う。そういう人たちにいちいち反論してもしょうがないんですけど」

確かにスポーツ紙を筆頭に当時の報道には、そんな方向にミスリードしていこうという意図が見え隠れしていた。改めて言うまでもなく、それに見事に引っ掛かったのがこの僕だった。

僕の追及がしつこかったせいだろう、河野が苛立《いらだ》ちながらこう声を荒らげたことがあった。

「メディアの人はどういう風にコメントすれば、いっちばん、喜ぶんですかね。僕、今度きたらその通り、言ってやりますよ。僕は本当は勝負をしたかったです！　抑える自信がありました！　そう言えばいいんですかね」

メディアが押し付ける物語に河野は辟易《へきえき》としていた。

青木も同じだった。

「星稜戦に関しては、僕自身はショックでもなんでもなかった。傷になってるみたいに思われてますけど、そんなやつ、いないと思いますよ。いい思い出というのとはまた違うかもしれませんけど、僕らの証《あかし》じゃないですか。厳しい練習に耐えて、ああいう状況でも勝てたっていう。あの試合のビデオも何回も観ましたよ。嬉しいですもん。甲子園でプレーしてる自分の姿を観るのは。自分の勇姿ですから。子どもが大きくなったら見せてやりたいと思いますね」

そのときすでに青木には一歳と二歳になる男の子がいた。

「そりゃあ、試合中は多少は動揺しましたけどね。ゲーム後も、あんなに騒ぎになるとは思ってなかった。校歌なんて、ぜんぜん聞こえませんでしたから。いつ始まったのかも、いつ終わったのかもわからなかった」

試合後の勝利チームによる校歌斉唱。松井も高い声を一段と高くしてそのときのことを思い出していた。

「すごかったなんてもんじゃない！　明徳の校歌、聞こえないんだから！」

メガフォンを投げ込まれた場面と並び、あの試合を象徴するシーンだった。

河野は最初、「一緒に歌ってくれているのかと思った」と話す。

「みんな優しいなあ、って。そしたら、『帰れ』『帰れ』って聞こえてきて……」

明徳の校歌の伴奏が流れ始めると同時に、三塁側から沸き起こった「カ、エ、レ!」「カ、エ、レ!」の大合唱。何が起きているのか把握できない明徳の選手らは一様にキョロキョロしていた。帰れコールの音量はあっという間に校歌の演奏を呑《の》み込んだ。ほとんどの選手が歌うタイミングを逸していた。

明徳サイドのレポーターとして一塁側のアルプス席にいたＮＨＫのアナウンサー、広瀬はその光景に愕然としていた。

「スピーカーからあんな大音量で流れる校歌が聞こえないなんて信じられないですよ。甲子園でも、最初で最後でしょうね、あんなこと。もうみんな、なんで、なんで、って。校歌が歌い切れなかったときは悲しかったですね。なんで、こんなに非難されないといけないのかって」

校歌斉唱を終え、明徳の選手らが、あいさつのために応援団が陣取る一塁側のアルプススタンドの前へ駆けていくときのことだ。そんな騒然とした状況だったにもかかわらず、数人の選手たちは力強く何度も拳を突き上げていた。そのうちの一人が四番を打っていた岡村憲二だった。

「校歌んときは、やべえって、思いましたけどね。あんな派手にガッツポーズしてるの、僕と重兼だけだったでしょう」

その重兼知之。

「試合中は、まったくといっていいほど観衆の声は聞こえてなかった。集中してますからね。校歌のときはわかりましたよ。でもね、もう勝てて本当に嬉しかったですからね」

そんな二人の様子を見、河野は思っていた。

「あいつら、ケンカとかになったら真っ白になるタイプやから。僕はいつも冷静。だから、ガッツポーズなんかしてええんかなって。こいつら、何が起こってるか、わかってないんちゃうかって」

伝令役を務めていた中矢は、「よう覚えてるんですけどね」と、こう振り返る。

「インタビューが終わって、スパイクを履き替え、シャツを着替えるじゃないですか。そのときに重兼が『撃たれるかもしれんぞ』って言うんですよ。真顔でもなかったですね。冗談半分だった。それでも、『バッグを腹に抱えていった方がいいぞ』みたいな話はみんなでしていたんですよ」

岡村が、尋常ならざる事態に発展しつつあることを思い知らされたのは球場を出るときだった。出入り口のところに群がっていた人たちが、いきり立っていたのだ。

「殺すぞ！」

またしても、そんな脅し文句。

「ほんとに撃たれるかもって、すぐ監督の後ろにいきました。死ぬなら監督と一緒に死のうって。めちゃめちゃ殺気だってましたからね。球場からバスまで五〇メートルぐらいの距離があったんですけど、すんごい人で。『急げ！』って言われて、みんなでダァーって駆け足でバスまで移動したんです」

西宮《にしのみや》市内にあった明徳の宿舎「志ぐれ」も騒動に巻き込まれていた。経営者の阪下《さかした》義則《よしのり》が苦々しい顔を浮かべる。

「試合を観戦して、勝ってよかったなあ、って帰ってきたら、嫁が、お父さん、大変よ！　って。抗議の電話が止まらへん。もう、収拾つかへんようになっとった。夜中の二時ぐらいまですごかったからな。たまにとると、ヤクザみたいな人から『爆破するぞ！』とか『ダンプ突っ込ますぞ！』とかね。受話器置いたら、またすぐ鳴るような感じよ。二日で千本ぐらいは軽くいってたんちゃう？　だからＮＴＴに回線、切ってくれって。すると今度は電報よ。黒縁ので『死ね』とかくる。そら、中には激励するもんもあったけど、ほとんど悪もん扱いやったな」

大会終了後、一週間ぐらいはそうした状態が続いた。

そして、その後一〇年以上も、明徳が甲子園にやってくるたびに「志ぐれ」はそういった嫌がらせを受け続けたという。

星稜戦の翌日にはこんなハプニングもあった。

「グラウンドに入った瞬間でしたね」

主将だった筒井健一はそう思い起こす。

第一試合の後、バックネットの前で三回戦の組み合わせ抽選が行われた。現在は最初に三回戦まで一気に決まるが、この当時はまだ一回戦ずつ抽選を実施していた。そのとき、筒井に対し何人かの観客が「帰れ！」などと罵声を浴びせたのだ。中には水などの飲料水を引っ掛ける者もいた。

「嫌とか、恐怖心とか、そんなんじゃない。無性に悔しかった……。何もできないじゃないですか。言っている人の顔は見えるんですよ。その人をにらむのが精一杯で」

為《な》す術《すべ》のない筒井はうつむき、涙を流した。

「どうにも、止まらなかったんですよ。今思い出しても胸クソ悪い……。次、絶対勝っちゃろうって思いましたけどね」

宿舎に戻ってからも、筒井の涙は止まらなかった。だが、そんなバッシングを受けたせいもあり、明徳ナインの絆はむしろ今まで以上に強固なものになっていく。橋本は「優勝するしかない」という思いを改めて強くしていた。

「監督から聞いたんです。理事長でしたかね、誰だか忘れちゃったんですけど、お偉いさんから、『優勝して、そのまま優勝旗を返してこい！』って言われたって。そうだ、と。もう、やるしかねえぞ、って雰囲気になってましたね」

脅迫電話を再三にわたって受けたため、星稜戦以降、練習会場までの行き帰りと、練習中は常にパトカーが張り付いていた。さらに宿舎周辺もパトカーが頻繁に巡回していた。

選手たちは、練習のとき以外は、宿舎に缶詰状態になった。

明徳は甲子園期間中、完全休養日には吉本《よしもと》新喜劇に行くのが恒例となっていた。だが、星稜戦の三日後の完全休養日は、さすがにそういうわけにもいかず、宿舎で映画のビデオ鑑賞をした。コーチと一緒にビデオをレンタルしてきた橋本が回想する。

「吉本新喜劇、すごい楽しみにしてたんですけどね。あのときは確か、『シティーハンター』と『ダイ・ハード』かなんかを観たんですよ。でも、周りが言うほど大変ではなかった。宿舎内ではみんな、けっこうリラックスしてましたよ」

周囲の緊張状態をよそに選手たちはそんな非日常的空間を楽しんでもいた。岡村が興奮した面持ちで回想する。

「夜中とかに、表で『焼くぞ！』とか『出てこい！』って叫んでたりするんですよ。そうすると、みんな、『お！　きたきた』って。結構、おもしろがってましたよ」

レフトを守っていた加用の口ぶりにも悲壮感は感じられなかった。

「窓から顔は出すなよって言われてたんですけど、ちょっと出してみようぜ、って出すじゃないですか。そうすると、パチパチって、フラッシュが光るんです。毎日、カメラマンの人たちが見張ってましたからね。いつも五、六人はいたと思います」

橋本は「あそこに比べればね」と笑う。

「そもそも、明徳も山の中に監禁されているようなもんですからね。甲子園のときの方が、宿の中では自由でしたし、ジュースとかもじゃんじゃん飲める。ぜんぜん苦にはならなかったですね」

だが、よくも悪くもそんな普通ではない状況の中で広島工業戦を迎えなければならなかった。筒井は「やっぱり平常心じゃなかったのかな」と視線を宙に彷徨《さまよ》わせた。

「別に恐怖心もなかったし、ストレスも感じてなかったんですけどね。でも知らず知らずのうち……というのはあったかもしれませんね」

12―6と16―6。五月に明徳は広島工業と二試合の練習試合をしていた。そしていずれも大勝していた。

当時の広島工業の主将だった加藤慶二《けいじ》の回想だ。その後、日体大に進んだ加藤は、今は長崎海星《ながさきかいせい》高校の監督を務めている。

「練習試合のとき、二試合で四〇点ぐらい取られたイメージがありましたからね。明徳なんて雲の上の存在ですよ。また一〇何点も取られたらカッコ悪いなって、そんなことばかり考えてました。今でもみんなで集まると、前の日の晩、『荷物まとめてたもんな』って話になりますよ。『最後の夜だからな』って、禁止だったアイスを食べまくったんですよ。第一試合だったんで、負けたら、そく帰らなきゃいけなかったんで」

一方、この当時、監督だった宮川昭正《みやかわあきまさ》には勝算がないこともなかった。

「明徳なんて練習試合で勝てるような相手じゃない。でも甲子園は何が起こるかわからないじゃないですか。練習試合のときはエースの片岡《かたおか》（陽次朗《ようじろう》）ってのが故障して、投げていなかったというのもありましたしね。それとうちもずっとパトカーにマークされてたんですよ。試合自体をなくそうみたいな動きがあったらしくて。こんな中で高校生が普通に戦えるわけないって思ってましたよ」

結果的に、宮川の予感が的中した。加藤は、試合が始まるとすぐに明徳がいつもの明徳でないことに気づいた。

「雰囲気がないんですよ。すぐに互角にできるなって思いましたね。戦意を喪失しているというか……。元気を出してても、カラ元気にしか見えないんですよね。ポロポロ、ポロポロしてましたもんね。見ててかわいそうになってきた」

宮川も不思議な思いにとらわれていた。

「やることなすこと、うまくいくんですよ。この試合、ヒットエンドランを三回か四回、仕掛けてるんですけど、全部、成功したんです。いっそのこと、コールド勝ちみたいにしちゃった方が、明徳に同情が集まっていいんじゃないかと思いましたね」

この試合、もっとも生彩を欠いていたのが二塁手の重兼だった。

二回表、1アウト三塁から、セカンド後方にフラフラと上がった打球を深追いし過ぎてライトと激突。取り損ね、二塁打にしてしまう。エラーにこそならなかったものの、重兼に言わせれば明らかに「ミス」だった。

「あれで変になりましたね。この試合、記録上は二つですけど、僕は五つぐらいミスしてるんですよ。地にぜんぜん足がついてなかった。なんか、おかしかった。よーし、やったろうという気持ちになれていなかった」

重兼の気持ちを挫《くじ》けさせたもの。それはこんな一場面だった。

「朝一番の試合だったんですけど、球場に入った瞬間、ものすごい拍手されたんですよね。それで頭下げながら入って。もっと叩かれると思ってたんですよ。だから拍子抜けしてしまったというか……」

試合前、広島工業の応援席では父母の会によってこんなビラが約一〇〇〇枚配られていた。一部を抜粋する。

《明徳義塾高校はルール違反をしたわけではなく、選手に何の罪もありません。我が

県工（広島工業の通称）野球部の場合でも同じ作戦を採用したかもわかりません》

日を追うごとに、明徳同情論が広まりつつあった。警備を強化するなど厳戒態勢の中で迎えた一戦だったが、この日、明徳に対する野次などはほとんど聞かれなかった。

広島工業の主将、加藤が思い起こす。

「面食らいましたね。試合前、監督に『観客は全員おまえらの味方だ！　ホームだと思え！』って言われてたんですよ。そしたら、球場入ったら、話し違うよ、って。『明徳がんばれー！』ですもん。ああ、やっぱり今日は負けるんだって思いましたね」

ところが、先発した河野も星稜戦のときのような冴《さ》えがまったく見られなかった。制球が定まらず、二回を投げ三つの四球。三失点で早々にマウンドを降りた。

「ふぬけでしたね。言い訳になるけど、野次には負けないでいこうぜ、って気持ちだったから、あれ？　って。馬淵さんもそうじゃないですか。敵がいる方が燃えるタイプですし。なんか変だなというのはあったと思いますよ」

河野が話すように、馬淵も完全に勢いをそがれてしまっていた。

「日本全国、敵に回してもやったると思ってたからね。三番に向井《むかい》（康二《こうじ》）っていう、いいバッターがおったんよ。場合によってはそいつも敬遠せないかんことになるって言ってた。騒がれるから敬遠しないなんて、そんなことは絶対にせんからな、って。罵声浴びる覚悟でいけよって。河野なんて、どっかから鉄砲で狙われるんじゃないかって、本気で心配しとったからな。それが球場入ったら拍手だったんよ。半分はめちゃめちゃ嬉しかった。けど、やっぱり力抜けてな……」

油断でもなく、野次でもなく、温かさ。ヒール役を覚悟していた明徳の敵は思わぬところに潜んでいた。

明徳に大勝した広島工業だったが、この後、尽誠学園に0—5で完敗する。監督だった宮川は「松井の呪いらしいですよ」と笑う。

「応援団の間で、負けたチームが勝ったチームに千羽鶴を託していってたらしいんですよ。だからうちは星稜と明徳の千羽鶴を預かった。そうしたらね、そうやって星稜の千羽鶴を託された方のチームが全部、負けてるんですよ」

確かに、尽誠学園は次で拓大紅陵《たくだいこうりょう》に敗れ、その拓大紅陵は決勝で西日本短大附属に敗れている。

「これまでの人生であれだけ感動したことはない」

主将だった筒井はしみじみと語る。広島工業に大敗した後、「志ぐれ」の食堂で開かれたミーティングでのことだ。

「あの気丈な馬淵監督が、二言、三言、しゃべっただけで言葉にならなくなった。もう号泣でしたね。あの瞬間、このチームでよかった、悔いはない、って思えましたね。あの人が泣く姿、初めてみましたから」

馬淵のこの涙を覚えていない選手はいなかった。

河野は「あの人もすべてをかけてましたからね」とおもんばかる。

「あの頃、馬淵さん、三六歳でしょう。若いんだから、夜遊びしたり、飲みに行ったりしたかったと思うんですよ。でも、すべてを僕らにかけてくれた。『おまえらはようやった……』というのだけは聞き取れましたね。あとはみんなして、ひたすら泣いてました」

馬淵が涙の理由を語る。

「広島工業に負けたからじゃない。何で悪いこと、何もしてないのに俺らがこんなにボロクソに言われて、非難されてね。どうしてなんだという……そういう思いが強かった。おまえら、野球したことあんのかって言いたかった」

実は馬淵は、関係者の説得で思いとどまったが、星稜戦の後、監督を辞し、高知に帰るつもりでいた。「やってられるか！」、そんな思いだった。

馬淵が野球で泣いたのは、このときと日本一になったときの二回だけだと言う。

取材を始める前、彼らは悔いていたのだと思った。星稜戦を。あの五敬遠を。

しかし、こちら側の想像を重兼は「そういう次元ではない」と両断した。

岡村の中にも、彼らしか持ち得ない「聖域」が感じられた。

「あの試合に僕が出てたってことを知ると、会社の人とか、今でもいろんなこと聞いてくるんですよ。でも相手にしない。どんだけ言ってもわからないですよ。嫌な思いをしたんじゃないの、みたいに言われるんですけど、そんなこと、まったくない。僕の野球人生ですごいプラスですよ。あんな経験、普通の人にはできないでしょう」

その岡村は、あの試合の数ヶ月後、校内の弁論大会で星稜戦のことに触れている。ただ、読み上げたのは岡村だが、実際に内容を考えたのは同じクラスの中矢だった。中矢が思い起こす。

「確か、『明徳がひとつになった瞬間』っていうタイトルだったと思います。あのとき、球場の八割から九割は敵だったけど、明徳の応援席と、グラウンドにいた僕らはひとつになれたんだと。そんな内容だったと思います。そのスピーチは準優勝に選ばれたんですよ」

今にして思えば、それは愚問だったのかもしれない。彼らに決まってこう尋ねていた。もし自分が今後、監督をやることになり、あのときと同じ状況に立たされたら、同じように敬遠を選択しますか？

大学野球を終えた後も社会人で野球を続け、今後、実際に指揮をとる確率が高いと思われた二人はこう話した。岡村は迷いがなかった。

「やるに決まってるじゃないですか。勝負ですから。僕、絶対、五敬遠やりますよ」

筒井も即答した。

「やるでしょうね。僕だったら」

そんな肯定一辺倒の中、一人だけ、「四打席目ぐらいは勝負してもよかったかな」、そう話す選手がいた。三塁手だった久岡一茂だ。

久岡は大学で野球を続けたあと、高知市内でプラスチック容器メーカーの営業マンをしていた。馬淵の「三九度なきゃ熱だとは言わない」という言葉を真に受け、三八度半ばの高熱で練習に参加し倒れてしまったという伝説を持つ男でもあった。

「今考えたら、ですよ。あの頃は監督の言うことを信じ切ってましたからね。いや、あれでよかったとは思ってるんですよ。ただ、冷静に考えたら、ランナーが一人もいないのに敬遠して……とは思いますね。バット、一度も振れなかったんですもんね。ひとりぐらいおってもいいでしょう？　反対するやつが」

馬淵の妻、智子は「私には辞めることの相談はひと言もなかった」と振り返る。

「もう自分で決めてたんでしょうね。辞表を出さなきゃいけない、って。負けたら辞めなきゃいかん、ということはいつも言っていましたし。周りの人に止めてって頼んだことは覚えてるんですけどね」

広島工業戦の翌日、明徳に戻った馬淵はとるものもとりあえず、校長のところへ向かった。

「迷惑かけたと思ったからな。あんな騒ぎになるとは思わなかった。多大な迷惑と、明徳のイメージを傷つけた。だから、これは校長におうかがいを立てるべきだと。自分が間違ったことをしたとは思ってなかったですけどね」

当時、校長だった吉田圭一は「そんなこともあったな」と懐かしむ。

「でも最初の五分ぐらい、どうやったこうやったという話をして、その後はもう新チームの話をしてましたよ。間違ってることをしたんじゃないんだから。あそこで監督を辞めさせたら、それこそ教育にならんでしょう」

そうは言うが、そんな吉田もあの試合の直後は「えらいことになった」と重圧に押しつぶされそうになっていた。

「アルプスで一緒に応援してたんですけど、立ち上がるとき、バリバリバリってなりましたもん。緊張で体が固まってた。あの騒ぎは一種の群集心理でしょう。ミーちゃん、ハーちゃんの世界ですよ。マスコミもばんばん書くやろし、社会現象になるかもしれんなという予感はありましたからね」

馬淵は、この五敬遠について聞かれると、その第一声、自分の中にマニュアル化された問答集でもあるかのように決まってこう答える。

「一生の誇りだと思ってます」

その後は両極端だ。口数が少なくなるか、逆に雄弁になるか。

「天下の横浜や智弁和歌山の監督にできるかね。俺だからできた。若くて、何も失うもののない俺やったから。やりたいと思ったやつは五万とおるやろ。でも実際にできるやつはおらんよ。後のこととか考えたらな。うちだって、あれでぽしゃっててもおかしくないんやから。ましてや、五敬遠して負けてたら、俺、もう監督しとらんやろ。あの作戦を否定することは、自分の人生、生き様を否定することになるからね。それはできん」

もし――。

一度だけだ。馬淵がそんな言い方をしたのは。ソファに腰掛け、天井に向かって紫煙を吐き出しながら。

「やっぱり、思うことはありますよ。昔に戻れるんなら、やらずに済むんだったら、やらなければよかったたって。それ、正直な気持ちですよ」

あの試合以来、電話や手紙で断続的に嫌がらせを受けるようになった。

「電話でも『文句あるなら俺の目の前で言え！』って言ったこと、何度もあるもん。もう、やつらは徹底的にくるからね。『逆探知しとるからな、おまえんとこの電話番号わかるんぞ！』って言うと、だいたい切る。でも強豪と言われるチームはどこでもあるって聞いたよ。こういうこと。暇なやつはどこにでもおるんよ」

試合中、母親が死んだから帰ってこいというイタズラ電話があったこともある。甲子園を逃すと、祝電で《甲子園出場おめでとう》と打ってきたり。県内の球場では「愛媛のやつが高知で監督すな！」、そんな野次が飛ぶこともあった。

「俺の人徳もなかったんだろうよ。自分の徳のなさ。これが他の人気ある監督やったら、名監督って呼ばれてたかもしらんぜ。すっごいさわやかさを前面に出している監督もおるやん。でも俺ら、シャイな性格は、てれくさあ〜て、あんなことようせんがな。ああいうことができるやつが一流なんかもしらんな」

全国制覇を成し遂げたとき、星稜戦での辛い経験が今につながったのだという論調をちらほらと見かけた。だが、馬淵はそんな見方に反論する。

「むしろ、あの試合があって優勝が遅れたと思ってるんよ。三、四年ぐらい。あの試合でうちは完全にヒール役になってしまったやろ。だから、審判とかマスコミとか、どうしてもマイナスイメージを持つやろ。そういうの、大きいからな」

馬淵は今でも時折、自分のことを「ザ・デストロイヤー」と形容してみたり、「タイガー・ジェット・シン」と呼んでみたりして周囲の人を笑わせる。

そんな仇敵《きゅうてき》としてのイメージが定着してしまった明徳を案じていたＮＨＫの広瀬は、一度だけ、負けろ、そう思ったことがあるという。それは一九九八年夏の準決勝、松坂率いる横浜との一戦だった。

「僕は明徳の大ファンでもありますからね。でもあのときは負けた方がいいと思った」

そのとき、広瀬はラジオでスコアラーを担当していた。スコアブックを付け、それを実況担当のアナウンサーに伝える役だ。

「あの日は、松坂が前日、PL学園戦で延長一七回を投げてましたからね。横浜は二番手投手を先発させた。そうしたら、明徳がそいつをこてんぱんに打ってしまった。これでまた、恨まれるな……って思った。ファンはみんな松坂を観たがってたわけですからね。だから、終盤、横浜が巻き返してきたときは、このまま逆転してくれないかな、って思ったんです。そうすれば甲子園のファンも、明徳がかわいそうだな、って思ってくれて、禊《みそ》ぎになるのかなと」

実は、馬淵の兄の彰三も同じ思いを抱いていた。

「横浜にやられたとき、これで松井のことは消えたな、って思ったんですよ。チャラになったって。大河ドラマでいったらうちはそれまで完全に敵役でしょう。松坂に仇討《あだう》ちされて世間もようやく納得した。やっぱり世間を敵に回すと勝てんでしょう」

だが、そこはやはり馬淵だ。そんな感傷を笑い飛ばす。

「そんなのこじつけよ。俺はあれでもう優勝するチャンスなくなったと思ったもん」

今後、もしあの試合と同じ状況が巡ってきたら。その質問に馬淵はこう答える。

「もう二度とできんやろ。天下の明徳やからな。どこもできんと思うで。あれだけ騒がれたらな。予想の一〇倍すごかったわ」

冗談と本音が入り交じっていた。

その写真を見て確信した。

青木の新居を訪れたときのことだ。まだほとんど荷物が整理されていなかった。にもかかわらず、額縁に入れてあった明徳時代のプレー中の写真だけはすでにリビングルームに飾ってあった。

やはり、この青木が「甲子園にこなければよかった」なんて言うはずはない。少なくとも、思っていたはずはない。

「松井が有名になってくれたお陰で、あのシーンがしょっちゅうテレビに映るじゃないですか。そのたびに自分も出る。あ、映ってる、映ってる、って。そういうのがけっこう嬉しかったりするんですよね」

青木は河野に対して、嫉妬心さえのぞかせていた。

「うらやましかったですね。ピッチャーの方ばっかり記者がいってたんで。僕の方が松井に近かったし、思いは同じだったのに。河野は大学いってからも注目されてたでしょう。ただ、あれだけあおられてドラフトで指名されなかったのはかわいそうでしたね。

恥ずかしかったと思いますよ。マスコミに躍らされて、自分の実力も勘違いするだろうし。それでまだ野球があきらめきれないのだとしたら気の毒ですけど。そういう意味では彼がいちばんあの試合の影響を受けてるかもしれませんね」

星稜側にも、河野のことをそんな羨望の眼差《まなざ》しで見ていた選手がいた。それはエースの山口哲治だった。

「いいな、って。あの後、自分はぜんぜん注目されなくなってしまった。でも、あいつはどこいっても新聞とかに取り上げられてたじゃないですか」

河野はいつも話していたものだ。

「僕ぐらいの活躍で有名になれるんですから。得ですよね。あの試合のお陰ですよ」

その河野から聞いた、青木が《甲子園なんてこなければよかった》と書いた新聞社に抗議の電話をしたという話の真相はこうだった。

広島工業に負けた日の翌日。実家に戻った青木の元に何本かの取材依頼の電話があった。彼らも新聞等で青木のコメントを目にしていたのだ。

「話を聞かせて欲しいってことだったんですけど、あんなコメント、言ってなかったんで……。親に断ってもらったんです」

それに尾ヒレがついて、あのような話になってしまったのだそうだ。

《甲子園なんてこなければよかった》——。

あれは青木の言葉ではなかった。メディアであり、その背後にいる大衆の言葉だった。
無論、僕の言葉でもあった。

エピローグ

憂鬱だった。

松井秀喜が、当時ドジャースに在籍していた野茂英雄から一二号ホームランを打った日の晩、僕はシカゴのドミトリー式の安宿に宿泊していた。

明日、レンタカーを借りてシカゴからイリノイ州のジュリエットという片田舎に移動しなければならなかった。大学受験を終えてから下降し続けている僕の英語力は、もはやＴＯＥＩＣ、アンダー４００レベル。松井を取材したとき、松井が英語で料理を注文している様子を感心して眺めていると「それでよく記者になれましたね」とあの細い目をさらに細くされてしまったほどだ。

さらに海外でレンタカーを借りるのも初めて。右側通行の国で運転するのも初めて。場所も距離もほとんどわかっていない上に地図もなかった。

心の中を暗雲が覆っていた。

試合中、通路で写真を撮っていると、銀行マンのような雰囲気の中年男性に話しかけられた。僕がコウノを観に来たのだと告げると、出てないね、と優しく返された。

「そうなんだよ……」

そんな感じの英語を話す自分の声を聞き、初めて自分がどんなにがっかりしているのかに気づいた。こんなに空は青いのに！　なんて残酷なんだ！　と。

二〇〇四年六月。ヤンキースの遠征地アリゾナで松井に二度目のインタビューをし、そのついでに独立リーグのセインツでプレーする河野にも会っていくことにした。

その頃、セインツはイリノイ州のジュリエットというところに遠征中だったため、飛行機でアリゾナのフェニックスからシカゴまで飛び、そこからさらにレンタカーで二時間ほどかけてジュリエットまでやってきたのだ。海外を旅することに不慣れな僕にとって、それだけでも大冒険だった。

だがライオンのように髪が伸び放題になっていた河野は、球場に到着するなり、いきなりバッドニュースを告げてきた。

「今日、出られないんですよ」

自分以上にがっかりしているだろう選手の前で、こちらががっかりするわけにもいかない。だからそのときはこぼれかけた落胆をすんでのところで抑え込んだのだ。

「またちょっと痩せたんじゃない？」

「こっち、ポンドなんでわからないっス」

前年の一一月、成績不振を理由に専大のコーチを事実上クビになった河野は、二九歳という年齢にもかかわらず、プレーヤーとして再びアメリカに渡ってきていた。

渡米直前、四月に壮行会を兼ねて一緒に食事をしたとき、いちばん驚いたのは河野の体型だった。コーチ時代、一時は一〇二キロまでいったという体重が八五キロ前後まで落ちていたのだ。

「ベルトの穴、一〇個ぐらい減りましたよ。（ベルトを）切って減って、切って減って、って二回ぐらいやりましたもん。前は下向いたら、ちんちん、見えなかったですから。やばかった。走るのにはちょっと重いですけど、打つのにはこれぐらいがベストです」

ご飯などの炭水化物を減らし、三食、同じ時間に摂《と》るようにして減量に成功したのだという。規則正しい生活。陰には女性の存在が感じられた。

「向こういったらホームラン、四〇発、打ったりますよ」と相変わらず調子のいいことを言っていたが、その体型だけは説得力があった。

「アメリカにきたら、これ食わないとダメっすよ」

試合開始直前、そう言ってヒマワリの種とチューインガムをくれた。

結局、その日、見ることができたのは、ベンチでヒマワリの殻をはき出す姿と、攻守交代のときに外野手のキャッチボールの相手をする姿ぐらいだった。

ただ、いろいろな場面でベースボールを味わうことはできた。イニングの間、『YMCA』の前奏が流れ始めると、数席前の太り気味のおばさんが突然すっくと立ち上がり体をぶるぶると震わせ始めた。心臓発作かなんかで倒れるのかと思いきや、そのままのテンションで音楽に合わせて踊り始めた。イッツ・ベースボール！　そう心が弾んだものだ。

晩は河野とステーキハウスで一緒に食事をした。

「疲れ……でも、最近はずいぶんよくなりましたけどね」

弱音を吐きかけて、それをぐっと呑み込んだ。プレーヤーとしては三年間ものブランクがあったのだ。体力的にしんどいのは当然だった。そのせいで調子を落とし、ここ最近は控えに回ることが多くなっていた。

「四試合か五試合ですね、休んだのは。でも連続で休んだのは昨日と今日が初めてです。あ？　キープ！　キープ！　まだこんなにいっぱいあるのに下げようとしましたよ。バカ野郎」

ここのウエイトレスは、なぜなのだろう、バドワイザーのジョッキが半分以下になるとすぐに下げようとするのだ。しかも満面に笑みを浮かべながら。

「明日の試合は出られると思うんですけどね……」

日曜日だったこの日はデーゲームだったが、翌日はナイターだ。明後日の午前中の飛行機を予約していたため、明日は試合は観ずに、シカゴへ戻ることと、拙《つたな》い英語でレンタカーを返却することに全力を注ぐつもりだった。

だが、この日の試合を観戦し終え、ホテルへと向かう河野ら選手たちを乗せたバスの後ろを追いかけているとき、気持ちが変わった。ここまできたんだから、と。アメリカの大地と夕焼けには、そう思い直させる力があった。

ステーキはやはり大味だった。タレの味で胃に流し込むしかない。ただ、場を暗くしたくなかったので、少々無理しつつも「うまい！」と取り繕っていた。

河野の月給は一二〇〇ドル。日本円にして一四万円ぐらいだ。その他にも、毎日、ミールマネーとして一八ドルが支給される。ホテルや球場には食事が常備されているため、使わずに済まそうと思えばそれも可能だ。

「意外と恵まれてるね」

「うちのリーグはいい方ですよ。ただ、長いと移動が一二、一三時間かかるんで。それがちょっとしんどいっスね」

移動は常にバス。そこはやはり独立リーグだった。

いつものように松井の話題も出た。松井はその頃、打率一割五分前後と不調にあえいでいた。

「いいですよね。不調でも使ってもらえて。……でも、楽しいですよ」

その言い方に、これまでのような捨て鉢な感じがなかった。

「もう野球はあきらめてましたからね。日本では考えられないでしょう。コーチを三年も経験して、それからまたプレーヤーで復帰するなんて。こんなこと、なかなかできることじゃないですからね。誇り、持てますね。試合に出られなかったら悔しい自分がいる。それがものすごく新鮮なんですよ。このヒリヒリした感じがね、野球ってこういうもんだよな、って。この競争の中で試合に出るというのは、予選に勝って、甲子園に出たときのような感動がありますよ。ほんと、幸せですよ」

前向きに話す河野を見られたことが嬉しかった。

アメリカに渡る前、餞別《せんべつ》代わりに三冊の本をプレゼントしていた。一冊は高橋三千綱《たかはしみちつな》の野球小説『カムバック』。もう一冊も『カムバック！』という本で、こちらはテリー・プルートという人の野球ノンフィクションだ。三冊目は堂場瞬一《どうばしゆんいち》の野球小説『8年』。この本も内容的には復活の物語だ。

読んで欲しいというよりは、何か、こちらの願いが伝わればいいなという思いだった。

専大の後輩でもあった加用が話していたことがある。

「絶対にプロにいけるって言われてましたからね。よく言ってましたよ。『黒田《くろだ》（博樹《ひろき》＝元広島）は行って、何で俺は行けないんだ』って。ひがみっぽく『黒田はいい服きてるが』って。あの人はプロでやりたいゆう気持ちが、いちばん強かったんじゃないですかね」

黒田は専大の同期だった。河野の野球人生は、大卒でプロ入りできなかったことで大きく狂い始めた。青木が指摘していたように、星稜戦で有名になったことでメディアに躍らされてしまったという、臍《ほぞ》を噬《か》むような思いもあったのかもしれない。そのせいか、僕が知っている河野はいつもどこか自棄《やけ》っぱちだった。

アメリカで初めて明日を感じている河野を見ることができた。今後、どうなるかはわからないにせよ。

十分満足していた。


翌日、河野はやはりずっとベンチを温め続けていた。

そして僕が日本に着くなり、こんなメールが届いた。

《先日はありがとうございました。中村さんが帰ってすぐにトレードになりました。トレード先はバンガーのランバージャックスというチームです》

やや驚いた。多難な前途が予想された。だが、好きなことで苦労できるのだからと、起伏しかけた気持ちを必死にならした。もう変に心配するのはやめようと。

ジュリエットでステーキを一緒に食べて以来、河野には一度も会ってない。だからトレードになってからのこともほとんど知らない。

「幸せですよ」

バドワイザーをやりながらそう話していた河野を見て、もういいよな、そう思えたのだ。

その充足感は、同時にこの取材の終わりをも意味していた。

およそ一二年——。あの試合から、それだけの年月を経て、ようやく僕の中でも「松井五敬遠」は過去になった。

あとがき

なぜ今さら。

それが、四月下旬、高野連が特待生制度の調査に乗り出したというニュースに接したときの最初の感想だった。

「あいつは特待だよ」

高校野球の世界で、そんな言葉は、日常、飛び交っていた。言わば公然の秘密だった。

生来の潔癖性がエスカレートしてきている——。それが最近の高校野球に対する印象だった。

一九九八年に高野連によって追加された罰則規定のときもそうだった。ランナーコーチや走者が捕手のサインを見て、打者にそれを伝達することが禁止になった。これまで「ナイスプレー」として称賛されていたものが、一転、「汚いプレー」になった。

潔癖性体質が進行してしまった背景には、おそらくこの一九九二年の「松井五敬遠」もあった。取材を通じて、関係者のこんなつぶやきを何度となく聞いたものだ。

「あれから甲子園ではすっかり敬遠がしづらくなった」

試合後、当時の会長である牧野直隆が、暗に明徳の作戦を非難する発言をしてしまった。それによって、高校野球は極めて歪《いびつ》な「正々堂々」を背負い込むことを宿命づけられてしまったような気がしてならない。

誤解を恐れずに言えば、レクリエーションならともかく、競技スポーツは「真っ白」ではありえない。一見するときれいに映っても、目を凝らして見れば、うっすらと汚れが付着しているものだし、穴を取り繕った跡だってあるものだ。

「松井五敬遠」があった当時、世間は明徳義塾の監督である馬淵史郎のことをこうバッシングした。勝利至上主義に毒されている、と。

しかし、本書を読んでもらえればわかるように、馬淵は明徳という勝利を義務づけられた高校の監督だったから、あのような非情な作戦を用いたのではない。この男の本質とも言うべき負けじ魂に忠実だったからこそ、あの作戦を選択したのだ。

そう考えると、毒されていると非難した側にこそ、その言葉は跳ね返っていく。観る側の方がむしろ過度に美化され、実像とかけ離れつつある「高校野球」というイメージに毒されていたのではないだろうか。

昔のままだった馬淵と、漂白された服しか身につけることができなくなってしまった高校野球を取り巻く人たち。あのとき、どちらがより純粋だったかという点においていえば、馬淵の方が純粋だった。

社会問題にまで発展した特待生問題は、湿気《しけ》た花火のようだった。

高野連は最初こそ威勢よく点火したものの、「時代錯誤だ」、「独善だ」、「非現実的だ」など世間の猛反発を受け、すっかりトーンダウンしてしまった。

やはり無理があった。他のスポーツや芸術や学問では当然のように特待生制度が容認されているというのに、高校野球だけは認めないというのは。

そもそも特待生制度がいけないわけではなかったのだ。高野連がこのような突拍子もない行動に出たきっかけは三月に表面化した西武の裏金問題だった。西武から裏金を受け取っていたアマチュア選手のうちの一人が、高校時代、特待生制度を受けていた。そのことが高野連の潔癖性体質を刺激した。

特待生制度はこうした裏金の温床になりやすい。それが特待生の排除を目指す高野連の言い分だった。一理ないわけではないが「横暴だ」と叩かれても仕方のない勇み足だった。

高校野球界の「常識」は、スポーツ界の「非常識」――。今回もまた、そんな言葉が頭の中を通過していった。

特待生問題は、いずれ落ち着くところに落ち着く。これに関して僕は、半ば、門外漢を決め込んでいる。

それよりも、今年もまた甲子園の季節がやってきた。

無菌であること、真っ白であることよりも、語弊があるかもしれないが、多少菌にまみれていること、多少汚れていることの方がピュアだし、健全だ(裏金をもらうことには賛同できないが)。

血と、汗と、泥と、涙と――。そんな廉価《れんか》な物語に頼らずに、今年も夏の甲子園を心ゆくまで楽しみたいと思う。

野球を「教育の一環」として観るなんて。せめて八月ぐらいは、そんな無粋なことはしたくない。野球は野球であるだけで、十分に素晴らしい。

二〇〇七年六月

中村　計

追　記

時計の針は、間もなく午前一時を指そうとしていた。

そろそろ辞すべきだと思った。

「すいません、長々と……」

ところが、意外なリアクションが返ってきた。

「長々って、なんも長くないやないか。一時間ぐらいやろ。俺はひまやからいいよ。せっかくきたんやから」

そう言われた瞬間、ようやく体の緊張がほどけ、頰がゆるんだ。

「金沢に何の用があったの？」

「いや、山下さんに会いに……」

「また、うまいことという」

山下智茂も初めて相好を崩した。

嘘ではない。本当に山下に会いに来たのだった。

本書を上梓《じようし》したのは二〇〇七年の七月だった。

それからというもの、登録されていない携帯番号に出ることに警戒心を抱くようになった。ノンフィクションを書くということは、少なからず、そういうことなのだと思う。書かれた本人に恨まれるかもしれない。そんな意識に苛《さいな》まれる。

美点と欠点。ともに示すことで、その人に重さを与えることができる。

もちろん、瑕疵《かし》を描くときも悪意があるわけではない。人間が持つ美しさと同様に愚かさに惹かれるからこそ、自分自身、書くことをよしと思えるのだ。

だが、それが書かれた本人にとって、決して愉快ではないこともわかる。

山下は二〇〇五年に星稜の監督を退いたあとも、一歩引いた立場でチームに関わっていた。

訪ねる一時間ほど前、金沢駅前のスターバックスで、今一度、山下について書かれている章「沈黙」を読み返した。

山下を批判したつもりはない。ただ、集めた材料をできる限り客観的に提示したその記事は、山下に対し厳しい内容になっていることは確かだった。

あれは、単行本を出した直後の夏の甲子園だったたか。

甲子園で山下を見かけた。目と目が合ったと思われた瞬間に、小さく頭を下げた。すると、その瞬間、山下はそっぽを向いた（ように見えた）。

それからというもの、甲子園で山下の姿を確認しても、あいさつができなくなってしまった。

やはり、怒っているのだろうか――。

やむを得まい。そう思いつつも、いつかは会いにいかなければ、そう思い続けていた。

そうしてこの春、ようやくその決意を固めたのだった。

最初、親しくしていた金沢星稜大学の関係者に仲介を頼んだ。だが、どのような言い方だったかまではわからないが、答えはノーだった。

やはり「招かれざる客」ということか。

すぐに手紙を書いた。


前略、お許しください。

ご無沙汰しております。

ライターの中村計です。いつかは、取材で大変お世話になりました。

その後、ずっと気になっていたのですが、取材のときに、思い出したくないことを思い出させてしまったという後ろめたさがあり、連絡できずにおりました。

近い内、金沢へ参りたいと思っております。そのとき、せめてごあいさつだけでもさせていただければと思っております。

略儀で申し訳ありませんが、まずはお願いまで。

草々

平成二十二年四月十八日

中村計

山下智茂様

手紙が着いたころを見計らい、電話をした。直接話すことはできなかったが、希望の日程を告げると、事務職員を通じ「朝一〇時にきてほしい」と言われた。

直後、解放感のあまり、インターネットで洋服を大量に衝動買いしてしまった。そのとき初めて、山下と会う約束を取りつけるまでの間、自分がどれだけ精神的な重圧を感じていたかがわかった。

会いに行って、そこで怒鳴られるのであれば、それはそれで構わなかった。会って、何を話すつもりでもなかった。会いに行く。そのことが何よりも大事だった。

久しぶりに見た山下の顔は、相変わらず真っ黒だった。

聞けば、今でも毎日、グラウンドに出ているのだという。さらに練習後、ジムで汗を流すというストイックさも変わっていなかった。

「ノルマですわね。毎日二時間、ジムで、走って、ウエイトをやって、プールで泳いで、サウナに入る。選手にいつも『自分に勝たないと』って言っているのに、自分が負けるわけにはいかんですからね。ゆっくりするつもりはない。ゆっくりは後退ですから」

枯渇することのない大油田。そんな光景を連想した。スーツ姿の山下は、どこかの企業のワンマン社長のように六五歳になった今もエネルギッシュだった。

露骨に嫌悪感を示されるようなことはなかったが、会話の中で時折、こんなジャブを見舞われた。

「花粉症は大丈夫やけど、人アレルギーよ。新聞記者とか、そういうの、嫌いやから。最初、中村さんにも、こなくていいって言ったやろ。記者さんとか作家さんは、簡単に書くもんな。やってる方は大変なんよ」

お察しします、とは、もちろん言えなかった。これは自分に対する言葉だと思った。簡単に書いたつもりはないが、それをあえてこの場で言うべきではないと、黙って耳を傾けていた。

私たちは、山下の部屋の応接セットに向かい合って座っていた。私の位置から見て、右側に本棚があった。そこに『甲子園が割れた日』が収まっているのを確認していた。それだけで十分だった。ただ、その本だけ一センチほど手前に出ていたことが、何を意味するのか、気になったことは気になったが。

一時間もすると、さすがにジャブが少しずつ効いてきたこともあり、暇《いとま》を告げた。ところが、どういうわけか山下は冒頭のように私を引き留めたのだ。

その瞬間、山下のことを難しく考える必要はないのではないかと感じた。甲子園でそっぽを向かれたというのも、単なる私の思い過ごしなのではないかと思えてきた。

山下は自分のことを「人アレルギー」と言ったが、一方で、その正反対でもあるのだ。

一二時になると、山下は私を学食に連れて行き、カツ丼を振舞ってくれた。カツの上に卵ソースのようなものをかけただけという、いかにも学食風の不思議なカツ丼だったが、山下がごちそうしてくれたのだと思うと特別な味がした。

一時を過ぎると、私たちは校舎にほど近いグラウンドへ移動した。

練習開始の一時間前にグラウンドへ行き、一九九五年、夏の甲子園で準優勝したときに後援会から贈られたという青いトラクターを駆って、グラウンドをならすのが山下の日課だった。

「グラウンドは命だと思ってる。整備を怠ったら怒っているのがわかるし、ちゃんとしてやれば喜んでいるのがわかる。バカだって思われるかもしらんけど、整備しながら、いつも話しかけるんよ。今日も頼むな、ショートの子は一歩目が遅いんよ、なんとかならんかな、とかね。ふふふふふふ」

山下は一九六七年、星稜の監督に就いてからというもの、本当にそうしてずっと話し続けてきたに違いない。この情熱だけは、何人《なんぴと》も侵すことはできないと思った。

練習が始まってからも実に精力的だった。ノックをし、ブルペンで投手を指導し、そして盛んに選手に声をかけた。

「選手は、見てくれてんにゃって、わかるだけで嬉しいもんでしょう。『ばあちゃん元気かあ』とか、『授業わかったかあ』とか、『父ちゃん、どや』とか、『今日の昼、何食べたんや』とか。簡単だけどね」

監督の椅子を教え子に譲った今は「陰で支えるのが私の役目」と言いながらも、グラウンドにおける山下の存在感は、明らかに監督以上だった。そのあたりも実に山下らしいといえば山下らしかった。

夕方五時ごろ、山下は「携帯が故障したから、ドコモにいかないかん」と、唐突に去っていった。

翌日、マツダレンタカーで借りた黄緑色のデミオで能登半島の七尾へ向かった。

山下ともう一人、どうしても会いたい人物がいた。「挫折」の章で登場した月岩だった。

取材中、私がもっとも感情移入していたのが月岩だった。ともすれば自意識過剰とも思える性向が、自分の分身を見ているようだったのだ。

もし、自分が一八歳のとき、月岩と同じような立場に立たされていたら——。やはり、我を失い、持っている力の半分も出せなかったのではあるまいか。そして、自分のせいで負けたのだと、いつまでも「悲劇のヒーロー」を演じていたに違いない。それが単なる思い上がりだと気づかぬまま。

月岩は二〇〇五年冬、七尾駅の近くに「つきのや」という居酒屋をオープンしていた。月岩に会うのも、本を出してからは初めてのことだった。事前に行くことを告げてはいたが、のれんをくぐるまでに店の前を二往復もしてしまった。

ゴールデンウィーク中だったにもかかわらず、繁華街はやけにひっそりとしていた。そんな中、「つきのや」だけは賑やかな人の声がもれていた。

電話で、つい最近、新たに二軒目の居酒屋をオープンしたばかりだと話していたが、確かに「つきのや」は繁盛しているようだった。

夜九時過ぎ、店の戸を開けると、決して大きな店ではなかったが、空席はほとんど見あたらなかった。

一つだけ空いていたカウンター席に腰をかけると、間もなく月岩が現れた。

「こんばんは」

「あは、お久しぶりです」

一時期よりも、だいぶスリムになっていた。

生ビールを注文し、手始めにブリの刺身を頼んだ。

こりこりした歯ごたえと、濃厚ながらもしつこさを感じない脂身。旬を過ぎているとはいえ、やはり富山湾で獲れた天然もののブリは格別だった。

カウンターの奥の棚には男の子の写真が何枚か飾られていた。前年の暮に離婚してしまったそうだが、元妻との間に四歳になる子どもがいた。

一時間ほど、そうしてひとりでちびりちびりとやっていると、客が徐々に引けてきたこともあり、月岩が新しい店を案内してくれた。

つきのやから徒歩数分のところにある「あじかぐら」という名前の店は、オープンを祝う花であふれかえっていた。

そこでようやく落ち着いて月岩と話すことができた。両店舗を合わせ、従業員は一一人もいるという。月岩が商売繁盛の秘訣《ひけつ》をこう語る。

「利益率を考えたらダメ。それは都会のやり方。それを始めるとお客さんが続かないんですよ。うちは五〇〇〇円で仕入れたものを七〇〇〇円で出す。残してもしょうがないですから」

あじかぐらでは、ウニとイクラが入っている八貫のにぎり寿司がわずか九八〇円で食べられる。天然ブリの刺身も七〇〇円。また、アカニシガイという能登地方でしか獲れない高級貝も七〇〇円で出していた。

「食べ物でもうけが出ないぶんは飲み物で出す。まずはお客さんがきてくれないことには始まらないじゃないですか。四人集まったら、その内一人にうちの店の名前を出してもらえるのが理想なんです」

会社を興し、成功している若社長の話に耳を傾けているような気分になった。月岩には商才があるようだった。

新しい店で刺身の盛り合わせとモツ鍋を堪能したあと、さらに二軒はしごした。月岩は、夜二時過ぎまで付き合ってくれた。

ヤンキースからエンゼルスに移籍した松井の話になったときのことだ。その頃、好調だった松井に対し、ひと言。

「アイツ、むいてきたんじゃないですか」

「むいてきた？」

「野球に。はははははは」

月岩節も健在だった。

月岩には実は、こんな宝物がある。高校時代、松井が六〇号ホームランを打ったときの金属バットだ。引退するときに、こっそりともらってきたのだ。

「松井のお父さんに、返して欲しいって言われたんですけど、嫌だ、って。歳《とし》とったら、それに松井のサインをもらおうと思ってるんです。あれだけはいくらお金を積まれても売りませんよ。棺桶《かんおけ》まで持っていくつもりですから」

　そのバットは二万円ぐらいしたという特注の桐《きり》の箱に入れ、銀行の貸金庫に預けているという。


　思い入れが強かった人物ということでいうと、月岩ともう一人、河野がいた。

　河野は米独立リーグのランバージャックスに移籍したあと、元巨人のウォーレン・クロマティが指揮していたサムライベアーズでもプレーした。

　日本に帰国したあとは、二〇〇七年から、元千葉県知事の森田健作《もりたけんさく》が立ち上げたクラブチーム「千葉熱血MAKING」に所属していた。

　河野もすでに結婚し、男の子がいる。松井が日米通算二〇〇〇本安打を達成した翌日、二〇〇七年五月八日に生まれたというその子の名前が振るっていた。「球人」と書いて「きゅうと」と読む。生まれたばかりのころ、こんな風に話していたものだ。

「『河』をとったら『野球人』になるじゃないですか。これはいいな、と。アメリカでも通用するでしょう。キュート。かわいいとか、カッコイイという意味になる。サッカーなんかやったらはっ倒しますよ。メジャーリーガーにするんスから」

　五月下旬、茨城で試合を観戦してきた。河野は「四番・DH」で出場していた。

思えば、河野がプレーする姿を生で観るのは初めてのことだった。

上は赤、下は白のユニフォームが、奇《く》しくもエンゼルスのユニフォームとだぶる。しかも河野の背番号も「55」だ。

河野の二の腕は相変わらず丸太ん棒のようだった。彼がボールをジャストミートしたら、さぞかしきれいな放物線になるんだろうな。依然として、そう思わせる体格を維持していた。

打席の中で河野は、外国人選手のように、バットのヘッドをピッチャー側に小刻みに倒してボールを待つ。

第一打席は四球。第二打席は、2アウト一、二塁のチャンスだったものの、外の緩い変化球に空振り三振。気持ちは場外にいっているかのような豪快なスイングだった。

第三打席は一塁強襲ヒット。しかし、一塁手が弾いたボールがファウルグラウンドを転々としている間に二塁をねらうも、楽々タッチアウト。ひとりだけ段違いの打球スピードも、暴走気味の走塁も、どこまでいっても河野は河野だった。

最後の打席で放ったレフト前のヒットも、すさまじかった。強烈なドライブ回転がかかった打球は、地面にめり込むのではないかというぐらいの勢いで外野の芝をえぐった。

その試合、結局、千葉熱血ＭＡＫＩＮＧは1―8で惨敗。ゲームセットの瞬間、河野は地面を蹴って悔しがった。

三年前に会ったときは、普通のサラリーマン生活を送っていたが、今は夜勤がメインの仕事に就いていた。この日は、夜勤明けで試合をこなし、これからまた夜勤なのだと話していた。

取材を始めたばかりの頃、今もなお河野が野球に執着していることを、あの試合で、ある意味、「悲劇の主人公」となってしまったことと、無理やり結びつけようとしていた。でも、それは書き手の単なるエゴだった。

今回、河野が意気揚々とプレーする姿を見て、改めて思った。彼は、あの試合があってもなくても、今の河野だったに違いない、と。

そんな河野の恩師である馬淵もまた違った意味で、相変わらずだった。

二〇〇九年夏、明徳は甲子園出場を逃した。そのため馬淵はテレビとラジオの解説者として、甲子園にやってきていた。

ある日、馬淵に、今晩、知人と食事に行くことになっているのだが一緒にどうかと誘われた。ただ、私は原稿を抱えていたため、書き終えたら途中から合流すると伝えた。

だが、大急ぎで原稿を上げ、八時を過ぎた頃から何度となく馬淵の携帯を鳴らしたのだがつながらないのだ。

翌日、「すまん、すまん、ちょっと出られなくてな」と、あっさり。

やむをえない事情があったのかもしれないが、だったら……と思わないでもなかった。

おそらくは、つい誘ってしまったものの、実際のところは、私がいたら都合が悪かったのではあるまいか。

以前にも、似たようなことがあった。それも夏の甲子園のときだった。練習会場に顔を出すと、帰り際、「今晩、飯でもいくか」と誘われ快諾した。「夕方、電話するわ」とのことだったので、ずっと待っていたのだが結局、電話はなかった。おそらく忘れてしまっていたのだろう。

お調子者で、すぐにものを忘れる。ただ、そんなところが、馬淵の愛すべき点といえばそうだった。


最後に松井のことにも触れておこう。

自慢するわけではないが（そういうときは決まって自慢なのだが）、二〇〇九年一一月、松井がワールドシリーズでＭＶＰを獲ったとき、私は幸運にも現地にいた。シーズン終了直後、ある雑誌の取材で松井にインタビューをすることになっていたのだ。ただし、それほど時間に余裕がなかったため、現地で待機し、シリーズが終わった翌日に取材時間をもらうことになっていた。そうしたら、予期せず、あんな騒ぎになってしまったのだ。

それにしても、あのシリーズのときの松井の存在感は圧倒的だった。どこにどんな球を投げても、打ちそうな匂いがぷんぷん漂っていた。あの風格は「日本からやってきたメジャーリーガー」ではなく、完全に「世界最強のヤンキースの五番打者」だった。

ただ、私としては、MVPなどになってしまったものだから、気が気でなかった。本当に明日、約束通り、取材時間をもらえるのだろうか、と。結果的には、急きょテレビ取材がいくつか入ったため、だいぶ待たされはしたものの、写真撮影を含め四〇分ほど取材することができた。

松井のあのときの言葉は、まだ熱を持ったまま私の心の中に残っている。夢を実現するために小さな子どもに言葉をかけるとしたら、という質問の答えだった。

松井はじっと考え込んだあと、こう言った。

「……逃げないことじゃないですか。好きだと思えることからは」

ありきたりな言葉だった。誰でも言いそうな言葉だった。だが、昨晩のゲームの酔いがまだ残っていたということもあるのだろう。松井が感情を抑えながらぼそっと発した言葉に、思わず胸のあたりが温かくなった。

それまでは松井のコメントに対し、不満に思うことが多かった。あまりにもありきたりな言い方に終始するためだ。だが、このとき、ようやく松井のすごさがわかった。

こんなに普通でない選手が、こんなに普通の物言いをすること。それが松井の最大の魅力なのだ。

翌年の春は、アリゾナ州テンピで行われていたエンゼルスのスプリングキャンプにも行った。そこで前回のインタビューで聞きそびれていたことを尋ねた。

二〇〇九年、ヤンキースとエンゼルスとの間で行われたア・リーグ優勝決定戦、第五戦のときのことだ。6—7の一点ビハインドで迎えた九回表。ヤンキースの攻撃中、2アウト走者なしの場面で、松井の前を打っていた四番の「A・ロッド」こと、アレックス・ロドリゲスがこの日、二度目の敬遠で歩かされた。あの夏、あの日、七回表に松井がやられたことを、今度は自分の目の前でやられたのだ。

それでも松井は松井だった。表情ひとつ変えずに、冷静にボールを見極め、結果的に四球を選んだのだ。

あのときの気持ちを聞きたかった。

「僕は嬉しいんですよ。前のバッターが敬遠されると」

最初、言っている意味がわからなかった。怪訝《けげん》な顔をしていると、松井はこう続けた。

「だって、チャンスで回ってくるということじゃないですか。屈辱感とか、そんなのはぜんぜんないですよ。A・ロッドと松井、どっちで勝負するって言ったら、僕でも、そら松井でしょうって思いますもん。そうなったら僕は僕で、はいはい、いいところで回ってきましたよ、って思うだけで」

やはり、この男にはかなわない。あの試合、明徳に松井との勝負を避けさせたもの。

それは、これだったのだ。

「僕は月岩とは違いますからね。はははははは。月岩、あのとき、視界一〇度ぐらいしかなかったんじゃないですか」

松井はそう笑いながら、顔の前で「小さな前へ倣え」のポーズをした。

もうひとつの５敬遠

「うそっ！」

高知高校を応援していた前の席の客が、そう素っ頓狂な声を上げた。その感嘆とも受け取れるリアクションが、私を含め、球場全体の気持ちを表していた。

松井五敬遠から、ちょうど二〇年後のことである。

二〇一二年七月二四日、高知県立春野運動公園野球場で開催された全国高校野球選手権大会・高知大会の決勝は、事前の予想通り、明徳義塾と高知高校の顔合わせとなった。

クライマックスは１―１の同点で迎えた延長一二回表だった。高知の攻撃は、打順の巡り合わせがよく一番から。２アウト一塁の場面で、「四番・ショート」の法兼駿《のりかねしゅん》に、この日、六度目となる打席が回ってきた。高校通算四〇本塁打、プロスカウトも注目していた四国随一の左のスラッガーだった。

身長一七五センチ、体重七三キロと、見た目の威圧感はなかったが、ミート力と長打力を兼ね備えていた。現在は社会人野球チームのパナソニックで主将を務め、「五番・

サード」として活躍している。

明徳の二塁手で、この試合、唯一、下級生ながら試合に出場していた逸崎友誠（いつざきゆうせい）は、この頃の法兼についてこう言及する。

「あの頃の法兼さんは、異様なオーラを放っていた。当然、プロになると思っていたし、それぐらいの力はあったと思いますよ」

六回から登板していた明徳のエース・福丈幸《ふくたけゆき》がセットポジションに入ると、捕手の杉原賢吾《すぎはらけんご》は、三塁方向に体を大きくずらし、中腰で構えた。敬遠策である。

現在は「申告敬遠」が採用され、主審に敬遠することを告げさえすれば、投手は投球せずとも打者に四球を与えることができる。しかし、松井の時代も、このときも、敬遠であっても、ピッチャーは四球、捕手にボールを放らなければならなかった。

私もこの場面での敬遠は、まさか、と思った。

ランナー二塁やランナー三塁の場面など、一塁ベースが空いているシチュエーションならまだしも、一塁ベースは埋まっていた。したがって、法兼を歩かせると、一塁走者は自動的に二塁へ進塁する。失点する確率は、格段に上がる。

じつは延長一〇回表、明徳は2アウト二塁の場面で、やはり法兼を敬遠したが、そのときは次打者の五番・芝翼《しばつばさ》にレフト前ヒットを打たれている。外野からの好返球で二塁走者をホームでアウトにできたからいいようなものの、敬遠策はすでに一度、失敗していたのだ。

もし、再び、ここで次打者に打たれたら――。

監督として、こんなにかっこ悪いことはない。愚策の極みである。

馬淵は一塁側ベンチの前で腕を組んだまま、仁王立ちしていた。試合後、私は馬淵に尋ねた。「打たれたら……」とは考えなかったのか、と。すると伝法な口調で言った。

「そのときはそのときよ。監督の責任。でも、もう打たんやろと思ったよ。監督が腹決めたら、選手も腹決めるんよ。人間は小知恵より覚悟よ」

馬淵が腹を決めたのは前日だった。

法兼は準々決勝に続いて、その日の準決勝でもホームランを打っていた。手の付けられない状態に映った。

そもそも明徳バッテリーと法兼の相性はすこぶる悪かった。前年秋の四国大会の準決勝では、4―4で迎えた九回表、法兼に決勝打となるライトポール直撃の3ランホームランを打たれ、翌春の選抜高校野球大会出場への望みを絶たれた。

明徳キラー。県内では、そんな風に呼ばれることもあった。というのも、香川県の飯山中学出身の法兼は、中学時代、四国大会で明徳中学と何度か対戦したことがあるのだが、そのときもことごとく打っていたのだ。

前日のミーティングで、高知の試合を見終えたあと、馬淵は一つの確信を持ちながらまずは選手にこう尋ねた。

「お前ら、明日、勝ちたいんか」

ベンチ入りメンバーはもちろん全員、うなずいた。馬淵が続ける。

「法兼を敬遠せい。ええか。腹決めろよ」

そのシーンをセカンドの逸崎が思い出す。

「言われた瞬間、肌がざざーってなりましたね。あの試合の再来や、って」

もちろん、明徳の選手たちは「松井五敬遠」のことを知っていた。そして、あの時代の選手と同じく「監督がカラスは白やと言ったら白やと思わないかん」という指導を受けてきている。逸崎はこう言って笑った。

「それが明徳のルール。一般社会でのルールは関係ない」

馬淵は私に対しては、法兼対策をこう語っていた。

「ランナーがいなかったら外一本で勝負して、それで、レフト前（ヒット）ならＯＫ。走者がいたら歩かせるという作戦やった」

しかし、捕手の杉原はこう証言する。

「歩かせろと言ったときに全打席、敬遠だと思っていました」

逸崎も同様だった。

「僕らは全打席、敬遠のつもりでいました。覚悟は決まっていましたね。打たれたら仕方ない、って」

メディアに対しては指示内容の程度を若干、弱めて語る。松井五敬遠のときと同じだった。全打席敬遠という策は、過激といえば過激だ。もちろん、すべてを正直に語る必要もないのだが、ストレートに明かすことには抵抗があったのだろう。

高知サイドも明徳の敬遠策をある程度まで警戒していた。当時、指揮を執っていた島《しま》田達二《だたつじ》が振り返る。

「僕ほど馬淵さんの野球を研究している人間はいないと思うんです。なので、敬遠は十分、ありえると思っていました」

準決勝まで、島田は五番には和田恋《わだれん》（現楽天）を置いていた。ところが、いまひとつ、当たりが出ていなかった。そこで決勝は好調だった三番・芝を五番に下げ、逆に和田を三番に上げた。法兼が歩かされた場合、芝の方が頼りになると思ったのだ。島田が話す。

「和田は外の変化球に弱かった。弱点を見つけたら、馬淵さんは、とことん突いてきますから。その点、芝の方がストレートも変化球も打てるし、穴が少なかったんです」

明徳の先発マウンドは、二番手投手、右サイドハンドの福永智之《ふくながともゆき》に託された。細かな制球力はないが、一四〇キロ中盤のスピードボールが持ち味だった。

ところが、明徳の敬遠策は星稜戦のときほどすんなりとはいかなかった。先発の福永は立ち上がり、捕手の杉原が横っ飛びをしても捕れないボールを投げるなど、とんでもなく荒れていた。先頭打者をデッドボールで出塁させると、三番・和田には四球を与えてしまう。その際、二度のワイルドピッチを記録し、あっさりと先制点を奪われてしまった。

法兼の第一打席は1アウト一塁の場面で巡ってくる。福永のボールは相変わらず定まらない。五球目、杉原は座ったまま三塁側に大きく体をずらして構えていたが、反対の左打席に立った法兼の足元を通過した。杉原があきれたように思い出す。

「(この試合は)終わったー、と思ってましたよ。明日から、もう夏休みやな、って」

最終的には予定通り法兼を歩かせることができたが、初回の福永は、意図的に四球を与えるのにも苦労するほど制球に苦しんでいた。しかし、回を追うごとに福永は少しずつ落ち着きを取り戻していく。

三回表、1アウト一塁の場面で、法兼は二度目の打席に立つ。そして2ボール・1ストライクからの四球目、結果こそフライに終わったが、レフトへの大飛球を放つ。端からは、明徳バッテリーは、明らかにストライクを取りに行っているように見えたが、内情は違った。逸崎が苦笑いを浮かべる。

「バットに当てられたので、焦りましたよ。野手はみんなそうだったと思うんですけど、法兼さんの打席は勝負しないと思っていたんで、ぜんぜん構えていなかったんです」

杉原は座ったまま相変わらず外に大きく構えていたのだが、福永のボールがどうしても内へ寄ってきてしまうのだ。

法兼の第三打席は五回表に回ってきた。１アウト走者なしの場面で、今度は、ストレートの四球で歩かされる。

杉原の指示通り、福永は四球とも三塁側に大きく外した。初めて全球、杉原の要求通りのボールがいった。法兼は、ここまでの三打席で、二つの四球を与えられていた。しかし、この時点で明徳ベンチの意図に気づいていた者はほとんどいなかった。法兼が振り返る。

「第二打席までは歩かされている感覚は、まったくなかった。ストライク（ゾーン）に入ってきてたんで。第三打席もおかしいなと思いつつ、ストライクが入らなかったのかなー、ぐらいの感覚でしたね」

島田は、敬遠は考えていたものの「ランナーなしでは敬遠はないと思っていた」と言う。しかし、第三打席は走者なし。明徳はランナーのあるなし関係なく、法兼を歩かせるつもりでいた。この時点で、すでに明徳の覚悟は島田の予想を上回っていたと言える。

明徳ベンチは１―１の同点に追いついた直後、六回からエースの福丈幸をマウンドに送った。そして福も八回表、１アウト走者なしから法兼にストレートの四球を与える。

杉原は相変わらず座ったまま外させていた。あえて立ち上がらなかった理由は、星稜戦のときと同じだった。遠目にも「敬遠」だとわかると、無用にスタンドを刺激しかねない。ただし、少しでも野球を知っている人間が見たら、捕手がボールを要求しているのは明らかだった。

打席の法兼も「この打席は（敬遠だと）完全にわかりましたね」と振り返る。

杉原が初めて立ち上がったのは延長一〇回表、2アウト二塁の場面だった。左打席に五たび、法兼が立った。スコアは1—1の同点。一塁が空いていたため、強打者を歩かせるのは定石だ。ならば、立ち上がって完全なボールを要求しても不自然ではない。ただ、これで三打席連続四球となり、スタンドが少しざわつき始めた。

重圧のかかる場面でもあるが「変な気負いはなかった」と話す芝は、この打席、初球のストレートを叩き、レフト前へ運ぶ。二塁走者は一気に本塁を突いた。しかし堅い守りが売りの明徳は、レフト、サード、捕手とつなぎ、すんでのところでタッチアウト。事なきを得た。

ここまで、この試合は、「1—1」の接戦というトーン以外の様相は見せていなかった。ところが、延長一二回表、その色調が急転する。

明徳は2アウト一塁で法兼を迎えると、捕手の杉原は、またしても立ち上がったのだ。敬遠、敬遠、敬遠、敬遠。四打席連続敬遠。この試合が、それまで隠していた真の顔をのぞかせた瞬間だった。

この直前、馬淵は伝令役の選手をマウンドに送り込んでいる。法兼をどうするか。そんな話し合いが行われているものだとばかり思っていたが、そうではなかった。杉原の回想だ。

「全員、法兼は敬遠だと思っていた。それよりも五番の芝に前の打席打たれていたので、芝をどう抑えるかというアドバイスでしたね」

法兼はこの打席、「勝負してくれんかな」と祈りつつ左打席に向かったという。

「一番からの攻撃で、点を入れるならここしかないぞ、と思っていた。高校最後の打席になるかもしれないという思いもありましたし」

しかし初球、杉原が立ち上がったことで、その期待がいかに淡いものだったかを思い知る。

「ここはさすがにちょっと、イラっとしましたね。それまでこんな場面（での敬遠は）、見たことがなかったので」

スタンドでもファン数名がフラストレーションを爆発させた。

「勝負せいや！　コラッ！」

「伝統芸か！」

しかし、これらの野次は、どこか空虚に感じられた。高知はほとんどが県内出身の選手で占められているのに対し、明徳には県内の選手はほとんどいない。そのことへの反感からくる野次のための野次でしかなかった。

この日、球場にいた観客は、みな同じ思いだったのではないか。この状況での敬遠は法兼と相対する以上に「勝負」に出ていると感じられた。一か八かの大勝負である。

当の法兼も、小さな怒りを覚えたが、明徳の作戦自体を責める気持ちにはならなかったという。

「ある意味、勝負ですよね。攻めた敬遠ですよね」

明徳は、ここで打たれたら実質、終わりである。たとえ一失点であっても、その一点は実際以上の重みを持つ。そのことを誰よりも知る馬淵は言う。

「そら、リスクはあるけど、あそこは賭けよ」

一部スタンドを敵に回しながらも、明徳ナインは粛々と作戦を遂行した。杉原は平然と言った。

「スタンドの野次は、まったく気にならなかったですね。へー、ぐらい。（芝に）打たれたら……なんてことも一回も考えなかった。一切、考えんかったですね」

高知ナインは、敬遠策をある程度まで予期し、そこまでは心を乱すことなく受け止めていた。しかし、五度目の敬遠のときは、少なからず心の水面が揺れた。

ネクストバッターズサークルに控えていた五番・芝は「びっくりしましたね」と素直に打ち明ける。

「キャッチャーがいきなり立ち上がって、うわ、きた、と。正直、ここまでやるか、と思いましたね。今思えば、『くそっ！』みたいな気持ちもあったかも。なめられたというか。前の打席、打っていましたし。ベンチも『いわしたれ！』みたいな雰囲気で、僕もそう思っていました。打ったら、最後、ヒーローインタビューで（馬淵）監督をおちょくったようなことでも言ってやろうかな、みたいな」

しかし、この賭けに勝ったのは明徳だった。

芝は三球目の変化球を打ち損ね、平凡なセンターフライに倒れる。

「うーん……どうかな、ちょっと力んでたんですかね」

その裏、明徳は先頭の杉原が出塁し、バントで送って、1アウト二塁。続く九番・逸崎の打球は、深々と左中間を破る。悠々セーフのタイミングであったにもかかわらず、二塁ランナーの杉原はヘッドスライディングでホームベースに生還した。

「ほんま、しんどかったんですよ、体が。だから、やった、と。終わった、と」

勝負が決した瞬間、馬淵は両腕を高々と突き上げ、ベンチを飛び出した。

優勝インタビューの間も、スタンドからは、ぱらぱらと野次が飛んでいた。インタビューを終えた馬淵は、ベンチに戻ってくるなり、椅子にぐったりと腰を下ろした。闘争心の塊のような馬淵もさすがに気力を使い果たしたのか、抜け殻のようになっていた。

「『愛媛に帰れ！』言われたわ。ふふふ。勝ったらいかんのかの。はあ、でも、勝てて、よかったぁ……」

愛媛県出身の馬淵は、ことあるたびに「伊予（愛媛）に帰れ！」等の雑言を浴び続けてきた。

しかし、両校の間には、星稜戦のときのようなあと腐れはなかった。松井五敬遠のとき、星稜ナインはあいさつのあと、握手を拒否するように、相手の目も見ずに踵《きびす》を返した。しかし、この日は、互いに健闘を称え合った。列の先頭にいた法兼も正面にいた明徳のキャプテンと軽く抱き合った。

「普通に負けたな、という感じでしたね。こっちも敬遠は想定していたので、その上で、真剣勝負をして負けた。僕は何もできることがなかったので、涙は出ませんでしたけど。試合後の取材でも『光栄です』って話しました。馬淵さんが僕のことを認めてくれているのはわかってたんで、少し嬉しかったですね。ただ、試合中は全部敬遠だったとは思っていなかった。だから、ネットニュースで『五敬遠』って出ていて、おれは松井さんと比べられるほどの選手ではないんだけど……と思いましたね」

五番を任されていた芝もこう述懐する。

「僕もですけど、チームのみんなも、試合のあと、勝負せいよ、みたいなのはなかったと思うな。グラウンドに戻って、みんなで記念に写真を撮り合って帰った記憶がありますね」

星稜戦も、観衆があそこまで常軌を逸した行動に出ていなければ、あれほどの騒ぎにはならなかったのかもしれない。今思えば、星稜の選手たちも、観衆の情動に乗せられ、冷静さを欠いていた。

法兼は「汚いとかは、まったく思わなかった。他の人が何かできれば勝てていたので」と言った。それがグラウンドレベルにいた者の実感だった。

高知はこの試合、前年に続いて決勝で明徳に1―2で敗れた。ついでながら言うと、翌年決勝も高知は明徳に1―2で敗れている。

もっと言うと、二〇一四年は5―6、二〇一五年は6―7と、高知は夏の決勝で、五年連続、明徳に一点差で敗れた。

夏の高知大会決勝で高知と明徳はこれまで計一五回対戦している。にもかかわらず高知は二〇〇七年に一勝したきりだ。近年は、八連敗中。今年の夏もドラフト一位指名確実と言われる森木大智《もりきだいち》という大エースを擁しながら、3―5で惜敗した。

高知は今も昔も明徳に圧倒的に分が悪いのだ。法兼が話す。

「うちの高校に入ると、明徳に勝ったら甲子園に出れる、って言われる。優勝すれば、ではなく。二年半、明徳に勝つための練習をしてきたつもりなんですけど、それがはっきりしないから、ずっと負けてるんでしょうね。やっぱり執念が違うんですかね。明徳で本気でやった二年半と、うちの二年半では、厚みが違うのかな、とは思いますね。練習環境の違いが、そのまま試合に出ている気がします」

芝にも同じことを聞いた。なぜ高知は明徳に勝てないのか、と。

「答え、知りたいっすね。五年連続一点差で負けるなんて、単純な実力差ではないでしょう。野球のうまい下手じゃないと思う。だって、高校卒業してからは、社会人とかプロで活躍している選手はうちの方が多いと思いますよ」

　一方、勝っている側の杉原は明徳が優勢な理由をこう分析した。

「僕らのときも、今年の夏も、同じなんですよ。僕らのときは法兼ひとり。今年は森木ひとり。明徳は絶対的な選手はいない。でも、相手の絶対的な選手さえ沈めてしまえば、総合力は僕らの方が上。飛び出ている杭《くい》さえ沈めれば、あとは、すーっと進める感覚なんです」

　明徳の選手たちの敬遠策を恐れない精神状態が、ほんの少し、垣間見えた気がした。そうか、松井さえ、法兼さえ歩かせておけば、「すーっと進める」感覚だったのか。ただし、そうサラリと表現できてしまうところに、馬淵がこうと決めたとき、選手が何の疑いもなく同じ方向を向く明徳の苛烈さがうかがえる。

　明徳の敬遠策を非難する人の中にある誤解のひとつは、「敬遠をすれば容易に勝てる」と思っているところだ。しかし、もし、スポーツの中にそんなアンフェアな作戦が存在するなら、即ルールによって規制がかかる。そうならないということは、心情的なものは別として、ルール上、「フェア」だと認められているからだ。

　危険だなと思うのは、ゲーム展開を知らずに、敬遠の是非を語ってしまうことである。少なくとも、二〇一二年夏の法兼に対する敬遠策は、ゲームの趣向を壊すものではなかった。むしろ、普通の勝負を見る以上に興奮した。

　この試合を見るまで、私は、五連続敬遠を「事件」としてとらえるばかりで、「ゲーム性」という視点はまったく持てていなかった。

あの試合も、おそらくは、敬遠の是非を語る前に、何より、名勝負だったのではないか。もう叶わないが、つくづくあの試合を現場で観戦してみたかった。

私が初めて松井の五連続敬遠の取材をしてみたいのだと打ち明けたとき、馬淵はこう言ったものだ。

「答えは出んよ、一生」

そのとき、私は馬淵も、迷いの中にいるのだとばかり思っていた。しかし、違った。馬淵の中では、答えはすでに出ていた。それが二〇年後の「もうひとつの五敬遠」だった。

今もまだ答えを出せずにいるのは、こちらの側である。

二〇一二年夏、高知高校を代表して法兼は、明徳の甲子園出場を激励する壮行会に出席した。そのとき、馬淵にこう声をかけられたという。

「この先も活躍できるんやから、がんばれよ」

敬遠策のことに関しては、何も言われなかった。当然だろう。言う必要もない。ところが、あるスポーツ紙では、このとき、馬淵が法兼に対し「敬遠して申し訳なかった」と謝罪したことになっていた。強烈な違和感があった。ヒグマがにゃあと鳴くくらい、ありえないことのように思えた。

そのときのことを確認すると、法兼は「言われてないです」と即答した。ならば、どうして。記事を読む限り、馬淵に取材した跡は見られない。つまり、法兼の証言を頼りに、馬淵はそう言ったことになっていた。法兼は慣れたものだった。

「でも、そういうこと、よくあるんで」

法兼が言った「そういうこと」とは、つまりはメディアによって「言っていないのに言ったことにされること」である。

愕然とした。その記事が書かれたのは二〇一七年である。二五年も経つのに「世間」は、今なお、そう言わせたいのだ。明徳の選手には「甲子園なんてこなければよかった」と言わせ、その上、監督には謝らせたい。

的外れな批判にカチンとくることはないのか、そう杉原に尋ねると、いかにも関心なさそうに言った。

「勝ちゃいいんですよ。第三者が何を言おうが、何も気にしない。人のためにやってるわけじゃないんで。僕らは監督についていくだけなんで」

勝ちゃいい——。

師である馬淵もそうだが、教え子もまた危なっかしい物言いをするなと思った。今、そのような言い方をすれば、すぐに「勝利至上主義」だと叩かれかねないというのに。

高校野球も牧歌的な時代は過ぎ、「いい監督」が増えた。何かの本で読んできたかのような用意周到で、器用な言葉を繰る。

そこへいくと馬淵は、今も昔も未成熟なままだ。粗野で、でも、だからこそピュアだ。現場にいるとそれを感じるのだろう、試合後、馬淵の周りはいつも記者という名の「馬淵ファン」でいっぱいだ。馬淵が言う。

「みんなオレのキャラクターをわかってくれるようになったからな。昔は、松井五敬遠でぼろくそ言われて、ヒール扱いよ。勝ったらおもしろくないって言われた。でも大監督で、教育者で、っていうイメージをつくられる方が大変やろ。これは持って生まれた性格やから。さわやかな感じを出そうにも、てれくさーて、できないんよ」

馬淵はある取材で、今の自分が、星稜戦と同じ状況に立たされたとしたら、さまざまな影響を考えて、あのような作戦はできないだろうと語っていた。少々意外だった。

高知の元監督である島田とその話をしているとき、どちらからともなく「いや、やるでしょう」という言葉が出た。私も、島田も、同じ思いだった。

二〇一二年夏は、注目度の低い高知大会だから五敬遠を実行できたのか。そうではないはずだ。馬淵は、他人の目を気にして、体裁を気にして、勝利の手綱を緩めるような男ではない。

栄枯盛衰という言葉があるように、国内最大規模の高校スポーツである高校野球の世界は、少しでも油断すれば、あっという間に頂上から引きずりおろされる。しかしながら、馬淵は一九九〇年に明徳の監督になってからというもの、三十余年、計三五回甲子園に出場している。積み上げた勝利数は五一勝（二〇二一年七月現在）。歴代四位タイの記録だ。

その間、若干の浮き沈みはあったが、高知県内および四国内では、ほぼ勝ち続けていると言っていい。こんなチームは他にない。

馬淵は松井の五連続敬遠のことについて触れるとき、いつも感情をむき出しにして、こう言った。

「おれは間違ったことをしたわけじゃない。同じ状況になったら、またやりますよ。そこでやらんってなったら、自分に嘘をつくことになるじゃないですか」

その思いがあるからこそ、今の明徳があるのだ。今の馬淵がいる。

勝ちゃいい。それは手段を選ばないという意味ではない。あらゆる策の中から最適な手段を選び出し、それをとことんまで突き詰めるという意味だ。馬淵はこともなげに言う。

「打撃のチームは怖くない。打つやつを打たさんかったらええんやから。法兼んときも、あいつさえ打たさんかったら勝ちやもん」

天才策士に言わせると、禁断の手札も、まるで凡庸な手のように聞こえてしまうのだが。

本文中に登場する選手や学校関係者などの名前、学年、肩書などは当時のものです。また、敬称は略しました。

本書は、二〇一〇年八月、新潮文庫として刊行されました。二次文庫化にあたり、「もうひとつの5敬遠」を書き下ろし再編集いたしました。

単行本　二〇〇七年七月、新潮社刊

集英社文庫

甲子園《こうしえん》が割《わ》れた日《ひ》 松井秀喜《まついひでき》5連続敬遠《れんぞくけいえん》の真実《しんじつ》

2021年9月25日 第1刷 定価はカバーに表示してあります。

著　者　中村《なかむら》　計《けい》

発行者　徳永　真

発行所　株式会社 集英社
東京都千代田区一ツ橋2-5-10　〒101-8050
電話　【編集部】03-3230-6095
【読者係】03-3230-6080
【販売部】03-3230-6393(書店専用)

印　刷　大日本印刷株式会社

製　本　大日本印刷株式会社

フォーマットデザイン　アリヤマデザインストア　　マークデザイン　居山浩二

ISBN978-4-08-744301-1 C0195